gestão da INOVAÇÃO TECNOLÓGICA

segunda edição

gestão da INOVAÇÃO TECNOLÓGICA

segunda edição

Dálcio Roberto dos Reis

Doutor em Gestão Industrial pela Universidade de Aveiro, Portugal.

Copyright © 2008 Editora Manole Ltda., por meio de contrato com o autor.

Projeto gráfico e editoração eletrônica: Departamento Editorial da Editora Manole.
Capa: Departamento de Arte da Editora Manole.
Imagem da capa: AGB Photo.

Dados Internacionais de Catalogação na Publicação (CIP)
(Câmara Brasileira do Livro, SP, Brasil)

Reis, Dálcio Roberto dos
 Gestão da inovação tecnológica/Dálcio Roberto dos Reis. – 2.ed.
– Barueri, SP: Manole, 2008

 Bibliografia
 ISBN: 978-85-204-2678-4

 1. Administração de empresas 2. Inovações tecnológicas
3. Tecnologia de informação I. Título.

CDD - 658.514
07-5348   - 658.4062

Índices para catálogo sistemático:
1. Inovações tecnológicas: Administração de empresas 658.514
2. Tecnologia e inovação: Gestão: Administração de empresas
 658.4062

Todos os direitos reservados.
Nenhuma parte deste livro poderá ser reproduzida, por
qualquer processo, sem a permissão expressa dos editores.
É proibida a reprodução por xerox.

1ª edição – 2004
2ª edição – 2008
1ª reimpressão – 2012
2ª reimpressão – 2013
3ª reimpressão – 2015

Direitos adquiridos pela:
Editora Manole Ltda.
Av. Ceci, 672 – Tamboré
06460-120 – Barueri – SP – Brasil
Tel: (11) 4196 6000 – Fax: (11) 4196 6021
www.manole.com.br
info@manole.com.br

Impresso no Brasil
Printed in Brazil

Aos meus pais, João e Judith, expoentes de uma vida de respeito e dedicação.

À minha esposa, Rosemari, mais do que companheira de todas as horas, minha verdadeira cúmplice nos caminhos da vida.

Aos meus filhos, Dálcio Júnior e Rafael, presentes de Deus e razões do meu orgulho.

*O principal na vida não é o conhecimento,
mas o uso que dele se faz.*

Talmude

SOBRE O AUTOR

Dálcio Roberto dos Reis é doutor em Gestão Industrial com pós-doutorado em Planejamento Estratégico de Tecnologia pela Universidade de Aveiro (Portugal), especialista em Metodologia do Ensino Tecnológico pela Universidade Tecnológica Federal do Paraná (UTFPR) e em Metodologia do Ensino Superior pela Universidade Federal do Rio Grande do Sul (UFRGS) e graduado em Engenharia Eletrônica pela UTFPR. Tem 34 anos de experiência em Educação Tecnológica. É professor aposentado da UTFPR onde atuou no Programa de Mestrado e Doutorado em Tecnologia e no Programa de Mestrado e Doutorado em Engenharia de Produção. Atualmente é professor titular do Programa de Mestrado e Doutorado em Administração da Universidade Positivo, em Curitiba. É pesquisador do Conselho Nacional de Desenvolvimento Científico e Tecnológico (CNPq) e ex-diretor da unidade de ensino do Centro Federal de Educação Tecnológica (CEFET), na cidade de Pato Branco-PR. Foi coordenador do Curso Técnico de Eletrotécnica e chefiou a Divisão de Pesquisa e Produção do CEFET-PR. Atua como consultor empresarial nas áreas de Gestão da Inovação Tecnológica, Planejamento Estratégico, Gerenciamento de Projetos, Técnicas Gerenciais e Gestão de Instituições de Ensino. É sócio da empresa RC2 Consultoria e Treinamento Ltda. É autor ou co-autor de 10 livros nas áreas de Gestão do Conhecimento e Gestão da Inovação. Possui mais de 250 artigos publicados no Brasil e no exterior.

SUMÁRIO

Apresentação da Primeira Edição XVII

Apresentação da Segunda Edição XXIII

Prefácio à Primeira Edição XXVII

Prefácio à Segunda Edição XXXI

Introdução XXXIII

1. Produção e Transferência de Conhecimento

A importância do conhecimento. 1
A criação de conhecimento na empresa 3
Os quatro modos de conversão do conhecimento 9
    Socialização: do conhecimento tácito em conhecimento tácito. . 9
    Externalização: do conhecimento tácito em conhecimento explícito 9
    Combinação: do conhecimento explícito em conhecimento explícito 10
    Internalização: do conhecimento explícito em conhecimento tácito 10

As cinco condições que promovem a criação da espiral
do conhecimento 11
    Intenção 11
    Autonomia 11
    Flutuação e caos criativo 12
    Redundância 13
    Variedade de requisitos 14
As cinco fases do processo de criação do conhecimento 14
    Fase 1: Compartilhamento de conhecimento tácito 15
    Fase 2: Criação de conceitos 16
    Fase 3: Justificação de conceitos 17
    Fase 4: Construção de um arquétipo 17
    Fase 5: Difusão interativa do conhecimento 18
A transferência de conhecimento e a busca pela inovação a partir
das relações universidade-empresa 19
    O tempo despendido no processo 20
    A apropriação do conhecimento 23
    A implicitabilidade do conhecimento 26
    A universalidade do conhecimento 27
Questões para debate em grupo 28

2. Conceitos em Ciência, Tecnologia e Inovação

Relacionamento entre ciência e tecnologia 31
O processo de inovação tecnológica 39
Questões para debate em grupo 50

3. Modelos de Mudança Tecnológica

Modelos lineares 51
    Modelo science-push 53
    Modelo market-pull 53
Modelos interativos 57
Questões para debate em grupo 77

4. As Estratégias de Inovação das Empresas e as Formas de Acesso à Tecnologia

Construção de capacidades tecnológicas................. 79
Estratégias tecnológicas.............................. 83
    Estratégia ofensiva........................... 84
    Estratégia defensiva.......................... 85
    Estratégia imitadora.......................... 86
    Estratégia dependente......................... 86
    Estratégia tradicional........................ 87
    Estratégia oportunista........................ 87
Formas de acesso à tecnologia......................... 87
    Compra....................................... 87
    Importação explícita de tecnologia............ 89
    Vigilância tecnológica........................ 90
    Cópia.. 90
    Ser uma empresa subcontratada................. 91
    Pesquisa cooperativa.......................... 92
    Formação de pessoal próprio................... 92
    Licenciamento................................ 93
    Pesquisa por encomenda (por contrato)......... 94
    Contratação de especialistas.................. 94
    Associações e alianças estratégicas........... 95
    Pesquisa e desenvolvimento.................... 96
Questões para debate em grupo......................... 97

5. Cooperação Universidade-empresa como Instrumento para a Inovação Tecnológica

Do triângulo de Sábato à tríplice hélice de Etzkowitz........ 99
    Intra-relações dentro de cada vértice................. 102
    Inter-relações entre os três vértices................. 102
    Relações com o contorno externo ou extra-relações..... 102
Evolução da cooperação................................ 103

Características do relacionamento universidade-empresa 108
Referencial teórico das relações universidade-empresa 112
      A dimensão psicossociológica do relacionamento
      universidade-empresa 113
      Motivações para as empresas se relacionarem com as
      universidades 115
      A dimensão organizacional do relacionamento
      universidade-empresa 122
      Uma taxonomia para as relações universidade-empresa. ... 123
      Procedimentos de coordenação 126
      A avaliação do relacionamento universidade-empresa 130
Motivações e barreiras ao relacionamento entre universidades
e empresas no Brasil 133
      Motivações para as empresas, em ordem decrescente
      de importância 134
      Motivações para a universidade, em ordem decrescente
      de importância 134
      Principais barreiras ao processo de interação entre as
      empresas e as universidades, pela ordem de importância ... 135
Questões para debate em grupo........................ 136

6. Um Guia Prático para Universidades e Empresas em Busca da Inovação Tecnológica

As reais necessidades de pequenas e médias empresas industriais
brasileiras 139
Fases necessárias para iniciar o relacionamento............. 143
      Definição de uma política/filosofia da universidade para
      as relações empresariais 143
      Autoconhecimento institucional 144
      Marketing interno para as relações com as empresas...... 145
      Infra-estrutura adequada 146
      Marketing externo........................... 147

SUMÁRIO

    Gestão das relações universidade-empresa 148
    Formação de gestores das relações universidade-empresa . . . 148
    Avaliação junto aos utilizadores 149
Os mecanismos selecionados para a interação
universidade-empresa 150
    Dia da Indústria (ou do Comércio,
    ou da Agricultura etc.) 152
    Visitas dos dirigentes universitários às empresas. 152
    Feira de empresas 153
    Feira de estágio/emprego 153
    Programa de acompanhamento de ex-alunos. 153
    Visitas técnicas de alunos às empresas. 154
    Encontros com a empresa. 154
    Presença de um representante da indústria no conselho
    diretivo máximo da universidade.. 155
    Conselho empresarial 155
    Mesas-redondas 156
    Encontros com responsáveis por recursos humanos
    das empresas 156
    O estágio curricular dos estudantes. 157
    O estágio de professores nas empresas. 158
    Cursos extraordinários de extensão universitária 158
    Prestação de serviços. 159
    Programa "A Empresa no Ensino" 160
    Pesquisa por encomenda ou por contrato. 160
    Incubadoras de empresas 161
    Programa "disque-universidade".. 162
    Empresa júnior. 165
    Programa "Balcão de Teses". 166
Estrutura operacional para obtenção de inovações tecnológicas
a partir da universidade.. 168
Questões para debate em grupo. 172

7. Cultura Organizacional para a Inovação

O intra-empreendedorismo 173
Avaliação da cultura intra-empreendedora 177
       1. Comunicação 180
       2. Processo decisório 181
       3. Incentivos/motivação 181
       4. Recompensas 182
       5. Autonomia 183
       6. Liderança 183
       7. Equipes 183
       8. Controle/mensuração 184
Questões para debate em grupo 185

Referências Bibliográficas 187
Índice Remissivo 201

APRESENTAÇÃO DA PRIMEIRA EDIÇÃO

Como transformar conhecimento em riqueza? Felizmente, um número crescente de profissionais e pesquisadores brasileiros dedica-se a entender e a responder esta moderna questão acadêmica, também considerada um desafio estratégico para empresas, regiões e países na era da economia global e da sociedade do conhecimento.

Para felicidade de todos nós, Dálcio Roberto dos Reis, Professor do CEFET do Paraná, debruçou-se sobre esta complexa seara com o olhar de um pesquisador e professor que tem o compromisso de transmitir o conhecimento para um público bem mais amplo, adotando uma árdua tarefa de divulgação do pensamento científico, infelizmente ainda pouco exercitado pelos nossos acadêmicos.

Os resultados compilados nos seis capítulos que compõem este livro são muito promissores, sendo os dois primeiros teóricos e os quatro seguintes envolvendo um completo repertório articulado de modelos de mudança tecnológica, estratégias de inovação, cooperação universidade-empresa e um guia para a busca de inovações pelas empresas e universidades.

Além dos conhecimentos de sua experiência profissional, toda ela construída no mundo da tecnologia, Dálcio demonstra maturidade acadêmica e abertura intelectual para incorporar as diversas abordagens contemporâneas da origem e dinâmica das inovações, as quais, dentre outras, também são tributárias do desenvolvimento científico, das universidades e centros de pesquisas e das pressões dos mercados.

A qualidade da sua formação acadêmica, ademais, conduziu-o a destacar a importância das capacidades tecnológicas imateriais que devem ser construídas pelas empresas como principais fontes de diferenciais competitivos: contratação de pessoal adequado e contínua formação e qualificação profissional. Assim, diferentemente de boa parte dos nossos engenheiros, ele não considera a componente material da tecnologia como condição suficiente para garantir a competitividade das empresas.

Além disso, enfatiza a rentabilidade do capital intelectual em detrimento das partes materiais do empreendimento, destacando, portanto, a gestão da inovação tecnológica como geradora, por excelência, de conhecimento economicamente útil. Esse fenômeno tem sido cada vez mais acelerado e interpretado como uma tendência à desmaterialização dos processos de inovações nas empresas, as quais devem requerer novas abordagens e estruturas gerenciais, bem como a criação de conhecimento organizacional. As alianças e parcerias estratégicas com diversas instituições públicas e privadas, demais empresas, fornecedores e clientes também passam a ser vitais para a manutenção e o crescimento da competitividade.

Finalmente, apesar de concordar com os pesquisadores mundiais sobre a inovação ocorrer nas empresas, assunto tratado no Capítulo 4, Dálcio destaca o papel da cooperação das universidades com as empresas como um instrumento fundamental do processo de inovação tecnológica, incluindo todos os desdobramentos e conseqüências dessa parceria. A relação cada vez mais intensa entre a ciência e a tecnologia também explica, segundo ele, a crescente necessidade de interação das empresas com as universidades e a importância de as empresas investirem cada vez mais nessa cooperação, inclusive para reforçar seu monitoramento das fronteiras tecnológicas. Por isso, o Capítulo 5 deveria ser lido, mesmo que de forma independente, por todos os interessados nessa matéria.

Nesse particular, também se destaca o papel das universidades nos processos de desenvolvimento econômico, as quais são cada vez mais solicitadas nos seus respectivos ambientes regionais. Trata-se de uma dimensão que, apesar de ainda ser pouco explorada pelos pesquisadores em todo o mundo, deverá suscitar cada vez mais investigações, inclusive de caráter multidisciplinar, em função das diversas facetas que envolvem esta problemática.

No Capítulo 6, encontra-se um guia criativo e pedagógico para universidades e empresas em busca de inovações, com a descrição de pré-condições necessárias para se iniciar o longo processo de aproximação entre as duas. Embora não exaustivamente (a National Science Foundation (EUA) identificou, no início da década de 1980, mais de quatrocentos mecanismos de relacionamento entre universidades e empresas), é descrita uma série de mecanismos de aproximação, tais como: visitas de dirigentes universitários e alunos às empresas, realização conjunta de eventos, feiras de empresas, de estágios e de emprego, programas de acompanhamento de ex-alunos, inclusão de representantes do setor empresarial nos conselhos das universidades, estágios curriculares de alunos nas empresas, estágio de professores nas empresas, cursos de extensão, prestação de serviços, contratos de pesquisa, incubadoras de empresas, programas disque-universidade e empresas juniores.

Embora não citados na obra, talvez porque no Brasil esta prática ainda seja pouco difundida, os Parques Científicos ou Tecnológicos são considerados um dos mecanismos mais intensos de relacionamento, pois através deles também se resolveu a questão do distanciamento físico entre empresas e universidades. Assim, as áreas contíguas aos *campi* das escolas transformaram-se em espaços diferenciados ou *habitats* propícios à geração de inovações, capazes de potencializar a competitividade das empresas de base tecnológica que necessitam de um contínuo acesso à fronteira do conhecimento e à rede mundial de conhecimento. Vale lembrar que a International Association of Science Parks – IASP, com sede em Málaga, na Espanha, contabiliza mais de setecentos parques tecnológicos em todo o mundo, sendo a maioria vinculada a universidades.

Para concluir, vale reforçar o aspecto didático desta publicação, a qual demonstra uma competência intelectual voltada à sistematização das questões fundamentais que envolvem a gestão da inovação tecnológica no nível do estado da arte internacional, com destaque para a interação das empresas com as universidades. Trata-se, portanto, de um livro altamente recomendável tanto para aqueles que pretendem iniciar-se no assunto em bases de alto nível como para os que precisam atualizar-se e reorganizar seus esquemas mentais em um tempo no qual a obsolescência profissional pode atingir a todos.

Gina Gulineli Paladino
Economista e Consultora, com Cursos de Pós-graduação no Brasil, na França, no Japão e na Suíça. Diretora Executiva do Instituto Euvaldo Lodi (IEL) do Paraná. Foi Secretária Executiva do Conselho Estadual de Ciência e Tecnologia (CONCITEC) do Paraná, Coordenadora de Ciência e Tecnologia do Governo do Paraná, Diretora da Incubadora Tecnológica (INTEC) de Curitiba, Diretora e Conselheira da Associação Nacional de Entidades Promotoras de Empreendimentos Inovadores (ANPROTEC), Coordenadora de Administração Estratégica do IEL Nacional e Correspondente da Agência da Confederação Nacional da Indústria (CNI) de Notícias na Europa, dentre outros.

APRESENTAÇÃO DA SEGUNDA EDIÇÃO

Comemoramos com muita alegria a nova edição do livro do professor Dálcio, pois isso revela dois aspectos essenciais: o primeiro refere-se ao reconhecimento da qualidade do seu conteúdo, garantida pelo domínio do conhecimento e pela competência do autor; o segundo, à receptividade dos leitores à temática da Inovação Tecnológica, considerada estratégica para o desenvolvimento das empresas.

Minha apresentação da primeira edição iniciava-se com a pergunta: Como transformar conhecimento em riqueza? E constatava que, felizmente, um número crescente de profissionais e pesquisadores brasileiros está buscando respondê-la. Nesse contexto, o pesquisador Dálcio tem contribuído efetivamente para o avanço do entendimento e da implementação dessa complexa dimensão que diferencia cada vez mais a competitividade das empresas de classe mundial.

Uma demonstração da sua vitalidade e abertura intelectual pode ser mais uma vez verificada no novo capítulo desta edição, que trata da Cultura Organizacional para a Inovação, tendo como eixo o intra-empreendedorismo ou empreendedorismo corporativo, alinhado à dimensão da inovação de produtos e processos nas empresas. A tese central é de que os colaboradores com iniciativa devem ser estimulados porque geram inovações e de que ainda há muito a ser feito no sentido de transformar funcionários-padrão em verdadeiros intra-empreendedores. Por isso, as organizações devem apoiar o intra-empreendedorismo na sua cultura, utilizando-se de novos métodos de gestão, aqui descritos de forma objetiva e didática.

Na verdade, os programas de intra-empreendedorismo transformam-se em eficazes alavancas para a elevação da produtividade das empresas e da realização das pessoas. Diversas organizações já perceberam que investir no desenvolvimento das capacidades empreendedoras dos seus funcionários é um bom negócio. Outra descoberta dos pesquisadores é que o intra-empreendedorismo, a criatividade e a inovação andam sempre juntos e, por isso, devem ser abordados e desenvolvidos de forma integrada.

Inúmeras empresas no Brasil já descobriram que a inovação é um diferencial competitivo essencial para continuarem liderando nos seus mercados e ganhando novos espaços, sobretudo no nível mundial. Elas sabem que daí sairão soluções úteis e rentáveis, e essa é a diferença entre os ganhadores e os perdedores no mundo moderno.

Um ponto essencial também tratado nesse capítulo é o da premiação ou remuneração das iniciativas inovadoras dos funcionários nas organizações. Neste caso, as premiações podem ser individuais, mas as organizações também estão estimulando equipes criativas, inovadoras e empreendedoras. E não se trata somente de premiações ou recompensas financeiras das pessoas e das equipes, pois isso depende da cultura organizacional e do contexto empresarial.

Finalmente, e não menos importante, quando abordamos o desenvolvimento do intra-empreendedorismo, devemos estar prontos para responder à pertinente pergunta de empresários e demais dirigentes das empresas: "Nós não corremos o risco de investir no desenvolvimento da capacidade empreendedora dos nossos colaboradores e perdê-los em seguida, pois eles irão embora para montar seus próprios empreendimentos?"

Este receio não reflete a realidade dos fatos, pois os colaboradores com espírito empreendedor retiram-se justamente das empresas que não lhes permitem desenvolver sua criatividade e concretizar suas iniciativas. Naquelas onde há ambiente organizacional empreendedor, os talentos são retidos por mais tempo. Assim, a experiência tem mostrado que eles não saem em massa das empresas.

Além disso, em diversos casos, as empresas estimulam seus colaboradores mais empreendedores a criar novos negócios que também as beneficiam, ou seja, as chamadas terceirizações orientadas, como uma forma peculiar de sua própria expansão. Eventualmente, a empresa poderá perder alguns poucos funcionários, mas também poderá beneficiar-se, num modelo ganha-ganha, desse transbordamento da criação empreendedora e inovadora. E por que não?

Gina Gulineli Paladino

PREFÁCIO À PRIMEIRA EDIÇÃO

Este livro dirige-se a professores, pesquisadores e profissionais que atuam como gerentes de tecnologia e a estudantes interessados em criar novas tecnologias e transformá-las em inovações. O intuito da obra é apresentar soluções para que o conhecimento e a tecnologia gerados na universidade cheguem ao setor empresarial, sem prejudicar o ensino e a pesquisa – missões fundamentais da universidade. Para embasar as soluções apresentadas, percorre-se todo um referencial teórico que dá ao livro um caráter didático.

A produção científica brasileira corresponde a cerca de 1,8% da produção mundial, com mais de 15 mil artigos publicados em 2005 em periódicos científicos internacionais indexados, o que coloca o País no seleto grupo dos vinte países de maior produção científica. Embora esses números sejam significativamente menores que os apresentados pelos países líderes, o Brasil supera todos os outros países da América Latina e apresenta um crescimento contínuo nos últimos anos da ordem de 600% no período de 1981 a 2005. Ou seja, o Brasil tem uma posição de relativo destaque mundial em termos de criação de conhecimento.

Entretanto, em termos de produção tecnológica, medida pelo número de patentes registradas, o País aparece como um dos de menor produção. Em uma breve comparação, temos que, enquanto o Brasil depositou apenas 287 patentes nos Estados Unidos em 2004, o Japão depositou 64.812, a Alemanha, 19.824 e a Coréia do Sul, 13.646, demonstrando claramente que o bom desempenho brasileiro em produção de conhecimento não se repete no depósito de patentes, ou seja, em produção de tecnologia.

Além disso, observa-se uma incapacidade de transformar essa produção tecnológica, já pequena, em produtos que sejam disponibilizados e utilizados pela sociedade, ou seja, inovações. Cabe aos agentes econômicos – as empresas – transformar a tecnologia em inovação. No entanto, o processo de obtenção da inovação passa pela criação do conhecimento, pela transformação desse conhecimento em tecnologia pela transferência dessa tecnologia para as empresas. Se a transferência é ineficaz, todo o processo de obtenção da inovação fica prejudicado. A experiência de mais de vinte anos dedicados a transformar os conhecimentos gerados nas universidades em inovações tecnológicas foi motivadora para a elaboração deste livro.

Cabe à sociedade organizada, especialmente às universidades e às empresas, encontrar os caminhos para o crescimento econômico e social do País, e este livro é uma contribuição para que isso venha a acontecer.

A obra está organizada em sete capítulos. No Capítulo 1, são abordados aspectos relacionados à produção e à transferência do conhecimento, como também à importância do conhecimento como fonte de vantagens competitivas. No Capítulo 2, discutem-se os principais conceitos acerca dos termos: ciência, tecnologia e inovação, bem como o processo de inovação tecnológica. O Capítulo 3 apresenta os diferentes modelos de mudança tecnológica e analisa o modelo linear, nas suas categorias *science-push* e *demand-pull*, e os modelos interativos. O Capítulo 4 trata do processo de construção de capacidades tecnológicas nas empresas. São apresentadas e comentadas as principais fontes de inovação e as principais características das diferentes estratégias de inovação que as empresas podem adotar. Aborda, ainda, as diferentes formas de acesso à tecnologia. O Capítulo 5 apresenta o processo de cooperação entre universidades e empresas como instrumento para obter a inovação tecnológica. As características do relacionamento universidade-empresa são estudadas e, ao final do capítulo, apresentam-se os resultados de uma pesquisa desenvolvida no Brasil para levantar as principais motivações e barreiras à cooperação entre universidades e empresas. O Capítulo 6 apresenta sugestões para gerir parte do processo de inovação tecnológica a partir da melhoria da eficiência e da eficácia nas relações de cooperação entre universidades e empresas. Além disso, propõe uma estrutura operacional que possibilita à universidade atender às reais necessidades das pequenas e médias empresas em termos de inovação, sem, contudo, causar prejuízo às missões de ensino e pesquisa.

Os capítulos são independentes. Pode-se, portanto, de acordo com a necessidade e o conhecimento de cada leitor, buscar conceitos teóricos e/ou sugestões práticas para obter a inovação tecnológica.

Ao final de cada capítulo, são apresentadas questões para debate em grupo, com a finalidade de promover a discussão dos diversos temas, objetivando a consolidação das idéias e a exploração mais profunda de pontos que eventualmente despertem maior interesse para grupos de estudos específicos.

Finalmente, agradeço a todos os colegas, professores, empresários e estudantes que me proporcionaram momentos de reflexão sobre essa problemática. Em especial, agradeço ao Centro Federal de Educação Tecnológica (CEFET) do Paraná, já transformado em Universidade Tecnológica Federal do Paraná (UTFPR), que me dá condições para realizar o meu trabalho. Também sou grato ao Conselho Nacional de Desenvolvimento Científico e Tecnológico (CNPq), que me possibilitou dedicar quatro anos de estudos de doutorado no exterior, ao amigo Prof. Dr. Hélio Gomes de Carvalho por dividir comigo suas experiências no Núcleo de Gestão de Tecnologia, e ao João Matias Loch pela organização dos originais.

PREFÁCIO À SEGUNDA EDIÇÃO

Com muita satisfação, constatamos que o interesse pela área de gestão dos processos de inovação tecnológica tem aumentado consideravelmente. Uma das provas de que isso é uma verdade é o fato de estarmos lançando uma segunda edição desta obra. Parece-nos que, enfim, o setor empresarial está, cada vez mais, voltado para a tarefa de transformar o conhecimento científico em riqueza. Isto se dá por meio da inovação tecnológica. Paralelamente e como conseqüência da atitude dos empresários, observamos o número expressivo de professores interessados em utilizar esta obra como livro-texto nas disciplinas voltadas para a gestão industrial, em especial, Gestão de Tecnologia e Inovação Tecnológica.

Além de revisarmos e atualizarmos alguns trechos, agregamos um sétimo capítulo. Este novo capítulo aborda o tema da criação de uma cultura organizacional voltada para a inovação, para complementar os aspectos relacionados às técnicas e às metodologias para a obtenção da inovação. Mais do que justificado, pois são as pessoas as verdadeiras responsáveis para que as técnicas e as metodologias funcionem. De nada adiantam as técnicas se as pessoas são cerceadas em suas tentativas de inovar, se vivem cercadas por estruturas organizacionais pesadas e inflexíveis e por sistemas punitivos e que não reconhecem o esforço dos intra-empreendedores.

Agradeço a todos os que apontaram onde poderíamos melhorar este livro. Em especial, agradeço à minha aluna Adriane Hartman pela gentileza em ceder parte dos seus estudos relacionados à Cultura para a Inovação, brilhantemente apresentados em sua dissertação de Mestrado em Engenharia de Produção.

INTRODUÇÃO

A ciência está intimamente ligada ao conhecimento dos fenômenos, à comprovação de teorias etc. A tecnologia está associada a impactos socioeconômicos sobre uma comunidade, resultantes da aplicação de novos materiais, novos processos de fabricação, novos métodos e novos produtos nos meios de produção. A inovação, por sua vez, aparece ligada a fatores comerciais e econômicos. Para que uma tecnologia criada seja transformada em inovação, ela deve ser produzida pelos agentes econômicos (as empresas), disponibilizada para a sociedade e aceita por esta.

O processo de inovação tecnológica envolve, então, todo o ciclo que compreende, em um modelo linear do tipo *science-push*: pesquisa básica, pesquisa aplicada, desenvolvimento, engenharia, produção, marketing, venda, logística e pós-venda, com todas as interações e realimentações possíveis entre essas fases. As universidades têm-se dedicado, na maior parte dos casos, às três primeiras fases desse ciclo. As empresas, naturalmente, preocupam-se com as fases finais. Evidentemente, em alguns casos, ocorrem sombreamentos nessas fases, ou seja, a universidade pode, por exemplo, participar na fase de engenharia, assim como a empresa pode desenvolver pesquisas aplicadas. Para garantir que o ciclo de inovação seja totalmente percorrido, é necessário que esses dois atores, universidade e empresa, interajam de forma eficaz.

Historicamente, os índices brasileiros de sucesso quanto à produção de conhecimento e ao desenvolvimento de inovações tecnológicas têm sido substancialmente diferentes. Um dos indicadores da produção de conhecimento é o número de artigos publicados, enquanto o número de patentes depositadas é o principal indicador de produção tecnológica. Muitas vezes, esses indicadores são comparados, permitindo avaliar, entre outros pontos, a capacidade de o País apropriar-se do conhecimento científico de que dispõe, transformando-o em inovações tecnológicas.

A análise da produção científica brasileira mostra que o País é responsável por cerca de 2,69% da produção mundial (2009), o que coloca o Brasil em um seleto grupo de países criadores de conhecimento. Entretanto, a análise da produção de tecnologia brasileira, medida pelo número de patentes depositadas, apresenta números modestos.

A análise da produção científica brasileira, por meio do número de periódicos científicos indexados nas bases de dados do Institute for Scientific Information (ISI), permite observar que, em 1981, o Brasil produzia algo em torno de 0,43% do conhecimento científico mundial, representado por 1.949 artigos publicados em periódicos. Esse índice cresceu a cada ano, atingindo 0,66% em 1991. Já em 2005, a publicação de artigos científicos do Brasil na base ISI representava 1,8% do total mundial, com 17.714 artigos. Esse valor representa 47,55% dos artigos publicados pela América Latina na mesma base, o que, inquestionavelmente, coloca o Brasil em posição de liderança.

As bases brasileiras, que computam todas as publicações brasileiras em periódicos de circulação nacional, ou mesmo internacional, fora da base ISI, em 2010, mostram números que superam 72.915 artigos completos publicados em periódicos de circulação nacional e 66.693 artigos publicados em periódicos de circulação internacional. Somem-se a isso cerca de 86.033 artigos publicados em anais de eventos científicos, tecnológicos e artísticos, 6.715 livros publicados e 38.468 capítulos de livros. Enquanto isso, a produção de tecnologia brasileira, medida pelo número de patentes depositadas, apresenta números bem mais modestos. Os pedidos de patentes depositados no Instituto Nacional de Propriedade Industrial (INPI) passaram de 19.640, em 1999, para 23.179, em 2006, e para 31.765, em 2011.

Outro indicador de produção de tecnologia muito usado é o número de concessões de patentes junto ao escritório norte-americano de patentes, segundo países de origem. Os dados de 2010 indicam que o Brasil obteve apenas 175 concessões de patentes, enquanto a China no mesmo ano, obteve a concessão de 2.657 patentes. Uma diferença brutal.

Essa diferença entre o desempenho do País como produtor de conhecimento científico, situado entre os quinze países líderes, e como produtor de tecnologia, é alarmante. Os danos causados pela baixa produção de tecnologia ficam explícitos quando se analisam as receitas e remessas ao exterior por contratos de transferência de tecnologia.

Entre algumas modalidades de transferência de tecnologia (fornecimento de serviço de assistência técnica, fornecimento de tecnologia, licença de uso de marcas e licença de exploração ou cessão de patentes e franquias), o saldo entre as receitas e remessas ao exterior foi quase sempre negativo.

O Governo Federal brasileiro, ciente dessas dificuldades em transformar o conhecimento científico em riquezas, tem apresentado diversos mecanismos para alavancar o desenvolvimento tecnológico. Os Fundos Setoriais de C&T (Ciência & Tecnologia), por exemplo, são um dos mecanismos de maior eficácia. Os Fundos de Apoio ao Desenvolvimento Científico e Tecnológico, ou Fundos Setoriais, constituem um mecanismo inovador de estímulo ao fortalecimento do sistema de C&T brasileiro e têm como objetivo garantir a ampliação e a estabilidade do financiamento para cada setor. Os três principais desafios desses fundos são: promover maior sinergia entre as universidades, os centros de pesquisa e o setor produtivo; incentivar a geração de conhecimento e de inovações que contribuam para a solução dos grandes problemas nacionais; e estimular a articulação entre ciência e desenvolvimento tecnológico.

Entre os Fundos Setoriais, o mais voltado para facilitar a transferência de conhecimentos entre a universidade e a empresa é o chamado Fundo Verde-Amarelo (FVA), que busca estimular o desenvolvimento de projetos em parceria entre universidades, centros de pesquisa e setor privado, visando a acelerar a transformação da pesquisa e do conhecimento científico em inovação de produtos e processos produtivos, bem como incentivar o investimento do setor privado em Pesquisa e Desenvolvimento (P&D).

O FVA cumpre importante papel para a obtenção da inovação, estimulando a interação entre os diversos agentes do processo inovativo e gerando um ambiente mais favorável à inovação no País. Dessa forma, deverá possibilitar ações conjuntas envolvendo entidades de ensino superior, de pesquisa e desenvolvimento, empresas, institutos tecnológicos, o Conselho Nacional de Desenvolvimento Científico e Tecnológico (CNPq), a Financiadora Nacional de Estudos e Projetos (FINEP), o Serviço Brasileiro de Apoio à Pequena e Média Empresa (SEBRAE), os sistemas compreendidos pelas confederações da classe produtora e as entidades tecnológicas e de classe. Enfim, o FVA é o grande mecanismo governamental para estimular o desenvolvimento tecnológico brasileiro, mediante programas de pesquisa científica e tecnológica que intensifiquem a cooperação da universidade com o setor empresarial, contribuindo, assim, para acelerar o processo de inovação tecnológica no País.

Ainda no sentido de estimular o processo de inovação, o Governo Federal implementou a Política Industrial e de Comércio Exterior (PICE), que apoiou ações horizontais de fomento e de mobilização conduzidas no âmbito do Programa Brasileiro da Qualidade e Produtividade (PBQP), e o Programa de Apoio à Capacitação Tecnológica da Indústria (PACTI), que congregou um conjunto de instrumentos novos, com destaque para a Lei n. 8.661. Essa legislação determinou a mobilização de diversos instrumentos de incentivos fiscais para o desenvolvimento tecnológico de empresas industriais e agropecuárias. A criação dos Programas Alfa e Ômega, voltados para o apoio às pequenas e médias empresas e centrados no estímulo à pesquisa tecnológica cooperativa entre universidades e empresas, também foi um marco de referência nesse processo.

Outras iniciativas envolvendo instituições como o Ministério da Ciência e Tecnologia (MCT), a FINEP, o CNPq, o SEBRAE, a Fundação de Amparo à Pesquisa do Estado de São Paulo (FAPESP), o Instituto Euvaldo Lodi (IEL), o Banco Nacional de Desenvolvimento Econômico e Social (BNDES), por exemplo, merecem ser louvadas. Podem ser destacados: o Programa de Recursos Humanos para Atividades Estratégicas (RHAE), com a finalidade de conceder bolsas de fomento tecnológico; o Programa de Apoio Tecnológico às Micros e Pequenas Empresas (PATME), que concede apoio para que instituições científicas ou institutos de pesquisa resolvam problemas ou desenvolvam projetos de interesse de micro e pequenas empresas; e o Projeto Inovar, que tem como objetivo desenvolver estruturas institucionais para promover investimentos de capital de risco em empresas de base tecnológica geradas nas universidades.

Todas essas ações voltadas para o apoio ao desenvolvimento de inovações são sempre questionadas pelos muitos defensores de que o investimento público deveria ser direcionado para o apoio ao desenvolvimento da ciência básica, enquanto caberia ao setor privado o investimento em ciência aplicada. Uma das grandes questões tratadas neste livro envolve exatamente a busca por uma solução que garanta uma interação sadia entre as duas esferas. Ou seja, o investimento em tecnologia não acarreta, nem deve acarretar, necessariamente, uma diminuição de investimento público em ciência básica.

As centenas de horas de conversa com empresários e professores mostraram que o desenvolvimento tecnológico pode ser alcançado tanto pela criação de novas tecnologias quanto pela utilização mais eficaz da tecnologia já existente. É necessário que se proponha um caminho para que os resultados das pesquisas tecnológicas realizadas nas universidades sejam, de fato, transformados em riqueza, sob o ponto de vista econômico. Não é mais necessário provar a importância de os conhecimentos serem transformados em inovações tecnológicas. A necessidade, agora, é viabilizar essa transformação.

1
PRODUÇÃO E TRANSFERÊNCIA DE CONHECIMENTO

A IMPORTÂNCIA DO CONHECIMENTO

Nos últimos anos, o tema "conhecimento" tem sido explorado por autores proeminentes como Peter Drucker, Alvin Toffler, James Brian Quinn, Michael Gibbons, Thomas Davenport, Ikujiro Nonaka, Peter Lorange, Peter Senge e Giovanni Dosi, entre muitos outros.

Cada um deles, de uma forma ou de outra, anuncia a chegada de uma nova sociedade, a sociedade do conhecimento, nas palavras de Drucker, na qual o elemento-chave é exatamente a importância do conhecimento, não apenas como mais um recurso, mas, sim, como o único recurso atualmente significativo.[35]

O conhecimento passou de uma função auxiliar do poder financeiro à sua própria essência, e é em razão disso que a batalha pelo seu controle e dos meios de comunicação no mundo inteiro tem se acirrado. O conhecimento é a fonte de poder de mais alta qualidade e a chave para a futura "mudança de poder".[125]

O processo de inovação por intermédio do conhecimento é visto como um recurso-chave e uma fonte de vantagem competitiva entre empresas em um ambiente crescentemente competitivo.[44]

O poder econômico e de produção de uma empresa é mais bem representado pelas suas capacidades intelectuais do que pelos seus ativos imobilizados como terra, instalações e equipamentos. O valor de produtos e serviços depende do modo de desenvolvimento dos fatores intangíveis com base no conhecimento, como por exemplo, o *know-how* tecnológico, a apresentação de marketing, a compreensão do cliente, a criatividade pessoal, a inovação etc.[98]

O bem-estar de indivíduos, organizações e países assenta crescentemente na criação, difusão e utilização de conhecimento. Conceitos como capacidade de aprender, criatividade e flexibilidade sustentada surgem com renovado vigor como princípios de orientação para a conduta de indivíduos, de instituições, de nações e de regiões.[19]

O *downsizing* contribuiu de certa forma para o renovado interesse pelo conhecimento. Ao considerar dispensáveis os gestores de segundo escalão, verificou-se, mais tarde, pela sua ausência, que eles eram sintetizadores do saber dentro das organizações.[24] Os gestores intermediários desempenham um papel-chave no processo de criação do conhecimento ao resumir o conhecimento tácito dos funcionários e dos gerentes seniores, tornando-o explícito e incorporando-o aos novos produtos e tecnologias.

Algumas empresas cometeram erros muito caros por não darem a devida importância ao conhecimento. Essas empresas lutam agora para compreender melhor o que sabem, o que precisam saber e o que devem fazer com esse conhecimento.

Outras empresas, entretanto, já reconheceram o valor do conhecimento. Algumas delas não têm fábricas: o que elas dominam são conhecimento, na forma de pesquisa, desenvolvimento, design, processos de fabricação, marketing etc. Na etapa da fabricação, que é o trabalho duro e pouco lucrativo, contratam outros.

Os empreendimentos, dessa forma, começam a desmaterializar-se, de forma que o capital intelectual desses empreendimentos se torna mais importante, atraente, rico e rentável do que as suas partes materializadas.

Entende-se que o conhecimento sempre foi o recurso mais valioso para as organizações, entretanto, só há pouco tempo as empresas tornaram-se conscientes da importância desse recurso nas suas áreas de atuação, e estão buscando diferentes estratégias para a criação, a aquisição, a transferência, a difusão, a apropriação e a gestão do conhecimento.

Todos esses comentários sobre a importância do conhecimento, tanto para as empresas como para os países, são úteis. No entanto, é necessário examinar realmente os mecanismos e processos pelos quais o conhecimento é criado, transferido e gerenciado.

A CRIAÇÃO DE CONHECIMENTO NA EMPRESA

De início, é importante estabelecer uma taxonomia para os diferentes tipos de conhecimento.

Por conhecimento implícito, ou tácito, entende-se aquele não-codificável, que não pode ser transmitido por documentos escritos e que está presente no cérebro humano.[44] Esse tipo de conhecimento é inerente ao pesquisador e só pode ser transferido

– e mesmo assim, com dificuldade – mediante transmissão oral ou por repetida observação das atividades e práticas.[78] São exemplos de conhecimento tácito: o talento de Mozart, a habilidade de um ciclista etc.

Conhecimento explícito ou codificável é aquele que pode ser armazenado fora do cérebro humano, como, por exemplo, em livros, CDs, computadores, discos, cassetes etc. Pode ser expresso em palavras, números e facilmente comunicado e compartilhado sob a forma de dados brutos, fórmulas científicas, procedimentos codificados ou princípios universais. É algo formal e sistemático.[44;71]

Outras terminologias são aceitas, como a que chama o conhecimento tácito de "capacidade" e o conhecimento explícito ou codificável de "idéia".[19;67]

O conhecimento explícito é público e pode ser utilizado sem ser consumido. O fato de qualquer pessoa obter conhecimento explícito não diminui a capacidade de outros fazerem o mesmo. O conhecimento tácito, por sua vez, só pode ser utilizado por quem o detém.[19]

Para se adquirir conhecimento implícito, é necessário um grande investimento individual, financeiro e temporal, uma vez que ele é obtido por meio de um longo processo de aprendizagem e de acumulação de experiência.[19]

O conhecimento explícito, por sua vez, por ter a sua distribuição fácil e de baixo custo, é abundante, especialmente como resultado dos avanços nas tecnologias de informação. Entretanto, isso implica que seja muito difícil atribuir e defender direitos de propriedade.[19]

Se, por um lado, os custos ou esforços de distribuição do conhecimento explícito são baixos, por outro, os esforços de criação deste conhecimento são elevados, e, além disso, realizar esses esforços nem sempre garante que se chegue a um conhecimento com algum valor. Ou seja, a produção do conhecimento explícito tem resultados incertos.[19]

Nesse cenário, pode-se questionar: que incentivos existem para que se produza conhecimento explícito? Como resposta, citam-se duas alternativas: a primeira consiste em uma intervenção do Estado na produção do conhecimento explícito por intermédio dos laboratórios de pesquisa estatais ou por financiamento à P&D universitária; a segunda, em atribuir direitos de propriedade intelectual por meio de patentes, marcas registradas, direitos autorais etc.[22]

O Quadro 1.1 ilustra os pontos fracos e fortes dessas duas alternativas.

Quadro 1.1
ALTERNATIVAS DE INCENTIVO À PRODUÇÃO DE CONHECIMENTO EXPLÍCITO

CARACTERÍSTICA	INTERVENÇÃO DO ESTADO	DIREITOS DE PROPRIEDADE
Posse do conhecimento	Pública	Privada
Retorno esperado	Reputação, prestígio	Lucros monopolistas
Vantagens	Livre acesso	Incentivos privados
Desvantagens	Arbitrariedade, ineficiência	Limites à difusão

Fonte: Conceição e Heitor.[19]

Talvez o maior problema desses novos tempos, para as empresas, seja estruturar o seu conhecimento de forma a saber quem, dentro da empresa, detém o conhecimento, onde e como está armazenado e como pode ser recuperado, além de onde, como, por que, para que e para quem foi utilizado, bem como quais foram e quais são as conseqüências desse uso. Toda empresa, possivelmente, já teve a experiência de despender tempo à procura de algo que estava bem ao lado, ou de pesquisar algo que já foi realizado, muitas vezes, com altos custos.

Criar novos conhecimentos não é apenas uma questão de aprender com os outros ou adquirir conhecimentos externos. O conhecimento deve ser construído por si mesmo, muitas vezes exigindo uma interação intensiva e laboriosa entre os membros da organização.[78] Nenhum departamento ou grupo de especialistas da empresa tem responsabilidade exclusiva pela criação do novo conhecimento. Ao contrário, ela é produto da interação dinâmica entre todos os funcionários da organização.[78]

Acumular conhecimentos significa aprender, não no sentido estrito de uma formação individual, mas num contexto mais amplo, em que se pode falar de formação organizacional, nacional e regional.[19]

A interação entre os conhecimentos implícito e explícito leva ao crescimento econômico, "pois as muitas e boas idéias (conhecimento explícito) serão inúteis se não houver as capacidades (conhecimento tácito) necessárias para as utilizar".[19]

Há algum tempo, o processo de criação do conhecimento foi considerado como exógeno ao processo de inovação. Gibbons demonstrou que o conhecimento é gerado endogenamente no processo de inovação e que as empresas não são apenas consumidores de conhecimento, mas também participantes cada vez mais ativos em sua criação.[44]

As empresas, ao participarem na criação do conhecimento, contribuem para o aparecimento de um modo novo de produção do conhecimento no qual a distinção tradicional entre pesquisa pura e aplicada não é mais relevante. Com relação ao que Gibbons chama de Modo 2 de produção do conhecimento, há uma articulação mútua de disponibilização e procura, de teoria e prática. Esta articulação é mais complexa do que quando a empresa simplesmente solicita e paga por conhecimento junto ao produtor (universidade ou centro de pesquisa).[44]

Em particular, ao tratar da produção do conhecimento, produtores e utilizadores estão no mesmo lugar em termos de mercado e não mais claramente separados.[44]

Esse Modo 2 de produção do conhecimento caracteriza-se por ser praticado no contexto da aplicação do conhecimento, na transdisciplinaridade e no emprego de uma organização transitória como meio de atingir seus objetivos.[44]

A organização transitória representa, normalmente, as alianças entre empresas em busca do conhecimento. A competição intensa é que dirige a mudança. Em tempos competitivos, mesmo empresas concorrentes precisam buscar novos conhecimentos. Um modo de fazer isso é formar alianças e sociedades.

Os locais de produção do conhecimento são passageiros. Novas combinações de empresas são formadas e reformadas a todo instante. O centro do pensamento de Gibbons é que o aumento do número de produtores de conhecimento, pelo lado da disponibilização, e a expansão da exigência de conhecimento, pelo lado da procura, estão criando as condições para o aparecimento do Modo 2 de produção de conhecimento.[44]

O Modo 2 tem implicações para todas as instituições, sejam universidades, institutos de pesquisa estatais ou corporações industriais que têm entre suas funções a produção de conhecimento. O aparecimento de mercados para os meios de conhecimento especializados faz que o processo mude para cada conjunto de instituições, mas não necessariamente do mesmo modo ou à mesma velocidade.[44]

O sucesso na criação de conhecimento nas empresas japonesas resume-se à conversão (interação) do conhecimento tácito ou implícito em conhecimento codificável ou explícito. Ter um palpite extremamente pessoal tem pouco valor para a empresa, a não ser que o indivíduo possa convertê-lo em conhecimento explícito, permitindo, assim, que ele seja compartilhado com outros indivíduos.[78]

Essa teoria considera duas dimensões: a epistemológica (conhecimento implícito e explícito) e a ontológica (níveis diferentes de agregação de conhecimento — desde individual, em grupo, organizacional, entre organizações etc.). A criação do conhecimento ocorre quando a interação entre o conhecimento tácito e explícito eleva-se dinamicamente de um nível ontológico menor (individual) até níveis mais altos (organizacional ou entre organizações). Esse efeito é representado em forma de uma espiral.

Para Nonaka e Takeuchi, existem quatro modos de conversão do conhecimento criados a partir da interação entre o conhecimento tácito e o explícito, que eles denominam: socialização; externalização; combinação; e internalização. Apresentam, do mesmo modo, cinco condições que permitem ou promovem esses modos de conversão: intenção; autonomia; flutuação e caos criativo; redundância; e variedade de requisitos. Complementam, apresentando cinco fases do processo de criação do conhecimento: compartilhamento do conhecimento tácito; criação de conceitos;

justificação de conceitos; construção de um arquétipo; e difusão interativa do conhecimento.[78]

Os quatro modos de conversão do conhecimento

Socialização: do conhecimento tácito em conhecimento tácito

A socialização liga-se às teorias dos processos de grupo e da cultura organizacional. É um processo de compartilhamento de experiências. Um indivíduo pode adquirir conhecimento tácito diretamente dos outros, sem usar a linguagem.[78] O segredo para a aquisição do conhecimento tácito é a experiência compartilhada, sem a qual é extremamente difícil para um indivíduo projetar-se no processo de raciocínio de outro indivíduo.

Externalização: do conhecimento tácito em conhecimento explícito

A externalização é um processo de articulação do conhecimento tácito em conceitos explícitos. É um processo que se torna perfeito na medida em que o conhecimento tácito se faz explícito, expresso na forma de metáforas, analogias, conceitos, hipóteses ou modelos. O modo de externalização da conversão do conhecimento é visto, normalmente, no processo de criação do conceito e é provocado pelo diálogo ou pela reflexão coletiva.

Combinação: do conhecimento explícito em conhecimento explícito

A combinação é um processo de sistematização de conceitos pela combinação de conjuntos diferentes de conhecimento explícito. Os indivíduos, por diversos meios, trocam e combinam conhecimentos, e a reconfiguração dessas informações dá origem a novos conhecimentos. Um bom exemplo é a educação formal nas escolas.

Internalização: do conhecimento explícito em conhecimento tácito

A internalização é o processo de incorporar o conhecimento explícito ao conhecimento tácito. Está intimamente relacionada ao "aprender fazendo". A documentação (conhecimento explícito) ajuda os indivíduos a internalizar suas experiências, acumulando, assim, seu conhecimento tácito.

Esses quatro modos de conversão do conhecimento estão presentes numa dimensão epistemológica da criação do conhecimento. O conhecimento tácito dos indivíduos constitui a base de criação do conhecimento organizacional. A organização deve mobilizar o conhecimento tácito criado e acumulado individualmente e ampliá-lo na organização em níveis ontológicos superiores. Dessa forma, a criação do conhecimento organizacional é um processo em espiral, que começa no âmbito individual e vai subindo, ampliando comunidades de interação que cruzam fronteiras entre seções, departamentos, divisões e organizações.

No processo de criação de conhecimento organizacional, a organização tem a função de fornecer o contexto apropriado para facilitar as atividades em grupo e também o acúmulo de conhecimento no âmbito individual.

AS CINCO CONDIÇÕES QUE PROMOVEM A CRIAÇÃO DA ESPIRAL DO CONHECIMENTO

Intenção

A intenção de uma organização em criar conhecimento é o que direciona a espiral do conhecimento nessa organização. A intenção assume, geralmente, a forma de estratégia dentro de um contexto da empresa. Para Nonaka e Takeuchi, o elemento mais crítico da estratégia da empresa envolve a obtenção de uma visão sobre o tipo de conhecimento que deve ser desenvolvido e como tornar esse conhecimento operacional por meio de um sistema gestor de implementação.[78]

A intenção organizacional em produzir conhecimento fornece o critério mais importante para julgar o valor do conhecimento criado e, por essa razão, deve vir expressa em termos de padrões organizacionais que devem ser seguidos e alcançados.

Autonomia

A autonomia é a segunda condição para promover a espiral do conhecimento. As idéias organizacionais provêm de idéias originais que emanam de indivíduos autônomos e difundem-se dentro da organização. No âmbito individual, todos os membros de uma organização devem agir de forma autônoma conforme as circunstâncias. "Ao permitir essa autonomia, a organização amplia a chance de introduzir oportunidades inesperadas".[78,p.85]

A possibilidade dos indivíduos se motivarem para criar novo conhecimento também se eleva com a autonomia.

Flutuação e caos criativo

A flutuação e o caos criativo compõem a terceira condição organizacional para promover a espiral do conhecimento, pois estimulam a interação entre a organização e o ambiente externo. As organizações que adotam uma atitude aberta em relação aos sinais do ambiente externo podem explorar a ambigüidade, a redundância ou os ruídos desses sinais para aprimorar seu próprio sistema de conhecimento.[78]

Quando a flutuação é introduzida em uma organização, seus membros enfrentam um colapso de rotinas, hábitos ou estruturas cognitivas, ou seja, há uma interrupção do estado habitual de ser e de agir. Nessa situação, aparece a oportunidade de que sejam reconsiderados os pensamentos e as perspectivas fundamentais de cada indivíduo, bem como questiona-se a validade das atitudes até então tomadas. Esse processo contínuo de questionar e de reconsiderar premissas existentes pelos membros da organização estimula a criação de conhecimento organizacional.

O caos é gerado naturalmente, quando a organização enfrenta uma crise real, por exemplo, queda nas vendas, mudança de necessidades do mercado, crescimento de concorrentes etc., mas também pode ser gerado intencionalmente quando os líderes da organização tentam evocar um "sentido de crise" entre os membros da organização, ao proporem metas desafiadoras.

Esse caos intencional, chamado por Nonaka e Takeuchi de caos criativo, aumenta a tensão dentro da organização e focaliza a atenção dos seus membros na definição do problema e na resolução da situação de crise.

Os benefícios do caos criativo só podem ser obtidos quando os membros da organização têm a habilidade de refletir sobre suas ações. "Sem reflexão, a flutuação tende a levar ao caos destrutivo".[78,p.90] A organização criadora de conhecimento deve institucionalizar esta "reflexão na ação" durante o processo para tornar o caos efetivamente criativo.

Redundância

A redundância possibilita que a espiral do conhecimento ocorra no nível organizacional. Diferente da conotação normalmente atribuída à palavra redundância, como duplicação, desperdício ou superposição, o que Nonaka e Takeuchi apregoam é a existência de informações que superem aquelas necessárias para atender às exigências operacionais imediatas dos membros da organização.

Embora um indivíduo não precise de algum conceito imediatamente, o fato de conhecer e compartilhar esse conceito expresso por um segundo indivíduo faz com que o primeiro consiga sentir o que o outro está tentando expressar. Nesse sentido, a redundância de informações acelera o processo de criação do conhecimento.

A redundância é importante, sobretudo na fase de desenvolvimento do conceito, quando é essencial expressar imagens com base no conhecimento tácito. Nessa fase, as informações redundantes permitem que os indivíduos invadam as atribuições funcionais uns dos outros e, dessa forma, façam sugestões ou forneçam novas informações de diferentes perspectivas.

Além disso, o compartilhamento de informações também ajuda os indivíduos a compreender sua posição na organização, o que, em contrapartida, ajuda a controlar a direção do pensamento e das ações individuais.

Rotatividade de pessoal entre departamentos e trabalho em equipe são formas de criar e desenvolver redundância dentro da organização.

Variedade de requisitos

Para maximizar a variedade, todos na organização devem ter garantido acesso rápido à mais ampla gama de informações necessárias, percorrendo o menor número possível de etapas. Quanto maiores forem os diferenciais no nível de informação dentro da organização, maiores serão as dificuldades para que seus membros interajam.

Deve existir uma forma rápida e flexível de acesso à informação em todos os níveis da organização. O desenvolvimento de uma estrutura organizacional horizontal pode proporcionar esse acesso. Com a eliminação de níveis hierárquicos nessa estrutura, diferentes unidades são interligadas por meio de uma rede de informações.

AS CINCO FASES DO PROCESSO DE CRIAÇÃO DO CONHECIMENTO

Após a análise de cada um dos quatro modos de conversão do conhecimento e das cinco condições que promovem a criação do conhecimento organizacional, Nonaka e Takeuchi incorporam a dimensão de tempo em sua teoria, apresentando um modelo integrado de cinco fases do processo de criação do conhecimento organizacional.

Fase 1: Compartilhamento de conhecimento tácito

Nesta fase, o processo de criação do conhecimento inicia-se pelo compartilhamento do conhecimento tácito, que corresponde aproximadamente à socialização, pois, no início, o conhecimento inexplorado que habita os indivíduos precisa ser ampliado dentro da organização.

Como o conhecimento tácito mantido pelos indivíduos é a base de criação do conhecimento organizacional, mas esse conhecimento não é transmitido de maneira simples, essa fase torna-se crítica ao processo de criação do conhecimento organizacional.

Para suplantar essa fase, a organização precisa criar um campo no qual os indivíduos possam interagir e compartilhar experiências pessoais. O campo de interação típico é uma equipe auto-organizada, na qual membros de vários departamentos funcionais trabalham juntos, para alcançar uma meta comum.

Uma equipe auto-organizada facilita a criação do conhecimento organizacional por meio da variedade de *requisitos* dos membros da equipe, que experimentam a *redundância* de informações e compartilham suas interpretações da *intenção* organizacional. Aos gestores cabe gerar o *caos criativo*, estabelecido pelas metas desafiadoras e pela concessão aos membros da equipe de alto grau de *autonomia*.

Fase 2: Criação de conceitos

É nesta fase que ocorre a interação mais intensiva entre os membros da organização e o conhecimento tácito transforma-se em conhecimento explícito. Essa fase corresponde ao modo de conversão da externalização.

Quando, nas equipes auto-organizadas (campo de interação), um modelo mental compartilhado é formado, a equipe usa de reflexão coletiva proporcionada por diálogos, para transformar em palavras e frases o modelo mental, tentando cristalizar esse modelo em conceitos explícitos. Os conceitos são, desse modo, criados de forma cooperativa por meio de diálogos.

O processo de conversão do conhecimento tácito em explícito é facilitado pelo uso de múltiplos métodos de raciocínio como dedução, indução e abdução. Nonaka e Takeuchi recomendam também o uso da dialética, por esta instilar uma forma criativa de pensamento na organização. Trata-se de um processo em espiral e interativo em que se utilizam contradições e paradoxos para sintetizar o novo conhecimento.

Nessa fase, a *autonomia* ajuda os membros da equipe a deixar seu pensamento livre. A *intenção* organizacional serve como ferramenta para convergir o pensamento em uma direção. A *variedade de requisitos*, aliada a *flutuação e caos criativo*, ajuda a equipe a repensar as premissas existentes e a fornecer diferentes perspectivas para análise de um problema. A *redundância* de informações, por sua vez, permite uma melhor compreensão da linguagem figurativa de outros indivíduos.

Fase 3: Justificação de conceitos

A justificação envolve o processo de determinação de que os conceitos recém-criados são realmente úteis para a organização e para a sociedade. Os novos conceitos criados pelos indivíduos ou pela equipe precisam ser justificados em algum momento do procedimento, pois o conhecimento é definido como crença verdadeira e justificada.

Embora essa justificação seja inconscientemente realizada pelos indivíduos durante todo o processo, Nonaka e Takeuchi consideram que a organização deve conduzi-la de forma explícita, a fim de verificar se a intenção organizacional continua intacta.

Os critérios de justificação da empresa devem ser consistentes com os sistemas de valor ou com as necessidades da sociedade como um todo e devem estar refletidos na intenção organizacional. Os critérios podem ser tanto quantitativos como qualitativos e não precisam ser estritamente objetivos e factuais. São exemplos de critérios de justificação: custo, margem de lucro, grau de contribuição do produto para o crescimento da empresa, estética etc.

Fase 4: Construção de um arquétipo

Nesta fase, o conhecimento, já criado e justificado, é transformado em algo tangível ou concreto, ou seja, em um arquétipo, que também é um conhecimento explícito. Com isso, nessa fase, tem-se o modo de conversão da "combinação".

Um arquétipo pode ser um protótipo, no caso de desenvolvimento de um novo produto, ou um modelo de mecanismo de operações, no caso de desenvolvimento de um serviço, por exemplo.

Nonaka e Takeuchi comparam essa fase ao trabalho de um arquiteto que constrói uma maquete antes de iniciar a construção. O processo inclui reunir pessoas com habilidades técnicas diferentes (por exemplo, P&D, produção, marketing, controle de qualidade etc.), desenvolver especificações aprovadas por todos e construir o primeiro modelo de um conceito recém-criado. Nessa fase, é importante ter atenção aos detalhes e à necessidade da cooperação dinâmica entre vários departamentos dentro da organização. Essa quarta fase é muito facilitada pela condição de "variedade de requisitos" e pela "redundância" de informações.

Fase 5: Difusão interativa do conhecimento

A criação do conhecimento organizacional é um processo interminável, que se atualiza continuamente. Esse processo interativo e em espiral que ocorre entre diferentes níveis ontológicos, tanto dentro das organizações (indivíduo, equipe, divisão, departamento etc.) quanto entre organizações, chama-se difusão interativa do conhecimento (*cross-leveling of knowledge*).

O conhecimento que se torna real, ou assume a forma de arquétipo, pode dar início a um novo ciclo de criação do conhecimento, expandindo-se horizontal e verticalmente em toda a organização.

Entre várias organizações, o conhecimento criado por uma delas pode, por meio da interação dinâmica, influir e modificar empresas afiliadas, clientes, fornecedores, concorrentes e outras organizações externas.

Nessa fase, a autonomia é essencial para que cada unidade organizacional possa usar o conhecimento desenvolvido em outro lugar. A flutuação interna, o freqüente rodízio de pessoal, a redundância de informações e a variedade de requisitos facilitarão a transferência de conhecimento.

No caso de difusão entre organizações, a intenção organizacional funciona como um mecanismo de controle determinando se o conhecimento criado deve ou não ser transferido.

A TRANSFERÊNCIA DE CONHECIMENTO E A BUSCA PELA INOVAÇÃO A PARTIR DAS RELAÇÕES UNIVERSIDADE-EMPRESA

A transferência de conhecimento continua a ser uma necessidade vital da sociedade e da economia. Entretanto, há muitos fatores culturais que a inibem.

Esses inibidores também são chamados atritos, porque retardam ou impedem a transferência e tendem a corroer parte do conhecimento à medida que este tenta movimentar-se pela organização.[24] Os atritos mais comuns e as formas de superá-los são apresentados no Quadro 1.2.

As dimensões do processo de transferência de conhecimentos são:[9]

- tempo despendido no processo;
- apropriação do conhecimento;
- implicitabilidade do conhecimento;
- universalidade do conhecimento.

Quadro 1.2
ATRITOS E SOLUÇÕES NA TRANSFERÊNCIA DE CONHECIMENTO

Atrito	Soluções possíveis
Falta de confiança mútua	Construir relacionamentos e confiança mútua por meio de reuniões face a face
Diferenças culturais, vocabulários e quadros de referência	Estabelecer consenso por intermédio de educação, discussão, publicações, trabalho em equipe e rotação de funções
Falta de tempo e de locais de encontro; idéia estreita de trabalho produtivo	Criar tempo e locais para transferência do conhecimento: feiras, salas de bate-papo, relatos de conferências
Status e recompensas vão para os possuidores do conhecimento	Avaliar o desempenho e oferecer incentivos com base no compartilhamento
Falta de capacidade de absorção pelos recipientes	Educar funcionários para flexibilidade; propiciar tempo para aprendizado; basear contratações na abertura a idéias
Crença de que o conhecimento é prerrogativa de determinados grupos, síndrome do *not invented here*	Estimular a aproximação não-hierárquica do conhecimento; a qualidade das idéias é mais importante que o cargo da fonte
Intolerância com erros ou necessidade de ajuda	Aceitar e recompensar erros criativos e colaboração; não há perda de *status* por não se saber tudo

Fonte: Davenport e Prusak.[24]

O tempo despendido no processo

A análise dessa dimensão do processo diz respeito a três aspectos que interferem na gestão e na estrutura das relações universidade-empresa (UE).

Primeiramente, a magnitude do processo de pesquisa deve ser considerada. Por exemplo, projetos de pesquisa como o desenvolvimento de um novo medicamento podem requerer muitos anos de trabalho e, mesmo assim, não apresentar meios de assegurar o sucesso técnico ou comercial do empreendimento.

Os gestores industriais de P&D procuram seguidamente soluções práticas a curto prazo; exigem a redução do tempo despendido nos processos de desenvolvimento e continuamente realizam ações no sentido de obter tal diminuição. Por outro lado, os acadêmicos adotam pontos de visão mais a longo prazo. Esse diferencial de tempo é particularmente relevante nas relações entre universidades e pequenas e médias empresas (PMEs).

Uma implicação preliminar é que há um relacionamento direto entre a duração do processo de desenvolvimento e o nível de consistência dos objetivos da pesquisa nos contextos industrial e acadêmico.[9]

O segundo quesito a ser considerado, junto ao aspecto do tempo gasto no processo, é o ciclo de vida do projeto, o que influencia, em geral, a dinâmica da pesquisa[119] e, em particular, o tipo de colaboração externa que as empresas procurarão.

Um exemplo dessa questão envolve os testes finais em um medicamento, que não requerem contribuições muito sofisticadas das universidades, mas alta apropriação das empresas. Por outro lado, as pesquisas na área de química que deram origem ao medicamento implicaram contribuições extremamente especializadas da universidade, altos riscos, altos graus de incerteza, mas baixa apropriação das empresas. Como conseqüência, por exemplo, nesse último caso, o tipo de relação universidade-empresa que seria escolhida envolveria preservação de segredos, decisões conjuntas sobre publicações, salvaguardas formais etc. Naturalmente, os tempos envolvidos em cada um dos dois ciclos de projeto (o ciclo da pesquisa química e o ciclo de testes) seriam diferentes para a pesquisa global.

O último aspecto a ser considerado é o tempo necessário para a propagação do conhecimento dentro da organização. Estudos recentes consideram a disseminação do conhecimento obtido nas relações com a universidade como uma variável crítica,[3] freqüentemente desvalorizada.

Pode acontecer, em determinadas situações, que a velocidade de mudança na base de conhecimentos de um determinado tema seja maior que a velocidade de difusão do conhecimento ao longo da organização. Nessa situação, o tempo despendido na disseminação do conhecimento na organização reveste-se de capital importância.

Além do mais, conhecimento não é gratuito. Não apenas porque se tem de pagar para adquiri-lo, mas também porque os custos para a organização compreendê-lo e para que ele seja difundido nela são altos.[9]

É evidente que as características da organização influenciam fortemente esse fator de disseminação do conhecimento. É importante estar ciente que a assimetria entre os tempos de criação e de disseminação do conhecimento pode gerar insatisfações no outro parceiro da relação universidade-empresa.

O tempo despendido para propagar o conhecimento dentro da organização depende tanto da natureza do conhecimento como das características organizacionais. As empresas podem ter maior ou menor capacidade de adquirir conhecimentos externos, e a disseminação interna desses conhecimentos depende da natureza do processo de formação organizacional que ocorrer.[9]

O tempo requerido para a propagação do conhecimento influencia o tipo de relação universidade-empresa que será adotado, tanto que formas específicas de relacionamento são preferidas, em detrimento de outras, em razão da garantia de melhor difusão dos conhecimentos na empresa.[9,p.236]

A apropriação do conhecimento

A apropriação dos resultados da pesquisa é uma dimensão crucial nas atividades de inovação e nos processos de transferência de conhecimentos.[2;9;73;85;105;121] Pode-se dizer que a apropriação do conhecimento constitui um método pelo qual as empresas podem se proteger de imitações, ao mesmo tempo que lhes permite se apropriar dos benefícios dessas inovações.[64] Quando o regime de apropriação é fraco, a empresa protege a inovação integrando-a mais tarde no processo, reduzindo assim os riscos de expô-la a outras empresas com comportamentos oportunistas.[90;121;122]

Existem dois tipos de problemas que as empresas podem enfrentar quando negociam com as universidades nas questões referentes a apropriação do conhecimento gerado:[9]

- tipo I: os pesquisadores acadêmicos apropriam-se dos resultados da pesquisa, surgidos no processo de colaboração, e iniciam seus próprios negócios;
- tipo II: o pessoal da universidade fornece informações que beneficiam as empresas concorrentes.

Esses dois tipos de problemas podem surgir devido a comportamentos de estratégia oportunista, ou mesmo por situações não-intencionais no dia-a-dia dos pesquisadores acadêmicos. Esses problemas geram dúvidas no processo de interação universidade-empresa, dando origem a conflitos na interpretação dos deveres e das responsabilidades. As novidades que surgem, típicas em tarefas de pesquisa, podem causar dúvidas na atribuição dos resultados, podendo ocorrer transferências não-intencionais de informação, via atividades acadêmicas rotineiras ou pela contratação, por empresas concorrentes, de pessoal acadêmico que tenha acompanhado a pesquisa.[9]

Para os dois tipos de problemas citados, o regime de patentes é relativamente ineficaz, pois as informações valiosas podem ser geradas e bem apropriadas antes da efetivação de alguma patente.[9] O mais importante é que pode haver um genuíno conflito de interpretação, com respeito à inovação criada, no que se refere aos limites admissíveis para circulação da informação antes de a patente ser efetivada. Esses conflitos podem ser longos e de alto custo.

Outras fontes de apropriação, como os bens complementares necessários, o sistema de inovação em si e o tempo necessário para a formação completa, podem inibir o sentimento empreendedor do pesquisador acadêmico, mas não podem prevenir os problemas do segundo tipo: a transferência de informações.

Os problemas de apropriação produzem impacto direto na propensão das empresas para aderir a processos de relacionamento com as universidades. Portanto, pode-se supor que se houver um nível de apropriação baixo, as relações universidade-empresa serão difíceis (ou inexistentes) e as empresas tenderão a usar as suas capacidades internas de pesquisa e desenvolvimento com maior freqüência.

No entanto, se as empresas optarem por iniciar processos de relacionamento com as universidades, mesmo em regime de baixa apropriação, os resultados científicos e tecnológicos ultrapassarão os limites originalmente concebidos, tendo efeito global positivo nas mudanças tecnológicas como um todo, pois freqüentemente as inovações geram benefícios em lugares distantes de onde originalmente surgiram.[59,p.280]

Em situações de grande apropriação, em que os projetos de pesquisa são realizados sob forte sistema de patentes, são necessários vultosos gastos de marketing para explorar comercialmente uma dada invenção, o que pode até tornar a exploração inviável.[122,p.268]

Em alguns setores, como o da biotecnologia, as fases de pesquisa em que os resultados podem ser apropriados estão, cada vez mais, situadas próximas às fases da pesquisa fundamental. Isso pode desmotivar as empresas a estabelecer relacionamento com as universidades visando apoiar as atividades de pesquisa fundamental, pois tais atividades já são inerentes à universidade.

Quando os problemas de apropriação do Tipo I (o pesquisador optar por ele mesmo explorar o invento) são relevantes, é interessante haver arranjos institucionais incluindo cláusulas que incentivem o pesquisador à colaboração mediante a possibilidade de retorno financeiro privado, como, por exemplo, incentivar os *spin-offs* acadêmicos, subsidiados por fundos das empresas,[9] futuras sociedades entre as empresas etc.

Acordos de pesquisa com exclusividade unilateral (a universidade compromete-se a fornecer informações a uma única empresa, a contratante) são freqüentemente solicitados pelas empresas como uma proteção contra a "fuga" de informações. Menos freqüentes, os acordos de pesquisa com exclusividade bilateral requerem que nenhum dos parceiros tenha qualquer relacionamento com instituições da mesma natureza do outro, ou pelo menos na mesma área. "A aceitação de cláusulas de exclusividade limita o acesso a fontes potencialmente relevantes de conhecimento".[9]

É necessário que se encontre um ponto de equilíbrio para haver a manutenção de um relacionamento estreito e exclusivo com algum parceiro e a possibilidade de estar exposto ao maior número possível de fontes de informação. A natureza do conhecimento envolvido determinará esse ponto de equilíbrio.

A literatura acerca das relações cliente-fornecedor mostra que quanto maior for a taxa de trocas de informações técnicas, maiores serão os benefícios obtidos no relacionamento aberto, por oposição à exclusividade, que impediria essas trocas.[52]

A implicitabilidade do conhecimento

Outro fator que deve ser considerado no estudo do processo de transferência de conhecimento é a implicitabilidade do conhecimento nas atividades de pesquisa.[76]

Em primeiro lugar, se o conhecimento relevante é o implícito, em oposição ao que pode ser reproduzido num papel, não se trata mais de controlar o fluxo de informações, mas, de controlar pessoas.[9]

O conhecimento é acumulado durante longos períodos de tempo e o problema de gerir a carreira de cientistas nas universidades, com o objetivo de evitar que as suas experiências sejam utilizadas por concorrentes, é fundamentalmente o mesmo problema que as empresas têm quando administram internamente os seus próprios recursos humanos.

Por isso, a implicitabilidade do conhecimento não é razão para se evitar as relações entre a empresa e a universidade, mas, pelo contrário, mais um motivo para incrementar tais relações. Quanto mais a empresa interagir com os pesquisadores universitários, mais poderá obter esse conhecimento.

Ademais, sob condições de alta implicitabilidade, a transferência de conhecimento requer, na verdade, a transferência de pessoal. Isso, por seu turno, requer relações suficientemente duradouras e estruturadas entre organizações para acomodar cada processo.

A universalidade do conhecimento

Por universalidade entende-se a possibilidade de utilizar o conhecimento de forma proveitosa, em diferentes áreas, por vezes muito distantes do lugar de ovrigem.[9]

O conhecimento específico surge principalmente do conhecimento implícito, enquanto o conhecimento universal, ou genérico, é normalmente mais codificável. Entretanto, as duas noções não se sobrepõem. O que acontece, na maioria das vezes, é que no mundo empresarial esses dois tipos de conhecimento, o universal e o específico, coexistem dentro da mesma empresa.[9]

O conhecimento genérico pode ser buscado quando as soluções locais para problemas específicos são ineficazes, ou quando essas soluções locais são onerosas. O conhecimento local ou específico pode ser apropriado mais facilmente que o conhecimento genérico, mesmo quando este é inteiramente codificável. Qualquer avanço no conhecimento genérico eventualmente resultaria em um aumento substancial da produtividade.[9]

O grau de universalidade do conhecimento gerado no processo de cooperação universidade-empresa tem impacto tanto nas motivações para o relacionamento quanto nos arranjos institucionais.

As empresas estão interessadas em aumentar a previsibilidade da ciência com o objetivo de reduzir os custos de desenvolvimento. Porém, embora isso requeira investimentos substanciais, os resultados não são completamente apropriados. Entretanto, espera-se que, na busca por conhecimento com alto nível de universalidade, os parceiros da universidade não sejam companhias individuais, mas uma coalizão, por meio de alguma forma de consórcio entre empresas, antes da fase de competição entre elas.[9]

Questões para debate em grupo

1) Existe alguma forma de obter a inovação que não passe pela criação ou transferência de conhecimentos?

2) Posicione-se a respeito do papel dos gestores de segundo escalão na transformação do conhecimento tácito em explícito.

3) A estratégia de algumas empresas de fixar-se no domínio do conhecimento, terceirizando o processo de fabricação, traz algum tipo de problema para a empresa? E para o terceirizado?

4) O conhecimento tácito é mais importante que o explícito? Ou vice-versa?

5) De que forma a criação do conhecimento é afetada pelo fato de o investimento financeiro não garantir a obtenção desse conhecimento?

6) O que é fundamental para que o conhecimento criado promova o desenvolvimento econômico?

7) Qual dos quatro modos de conversão do conhecimento é o que mais acontece nas organizações?

8) Entre as cinco condições que promovem a criação do conhecimento, existe alguma que se diferencie em importância? Por quê?

9) Entre os inibidores da transferência de conhecimentos qual o que mais afeta o processo? Por quê?

10) Existe alguma possibilidade de as universidades e empresas consiguirem obter um "tempo ótimo" para desenvolvimento e transferência de conhecimentos?

11) Quais as conseqüências de desvalorizar o tempo necessário para a difusão do conhecimento na organização?

12) Comente situações vivenciadas ou conhecidas sobre a existência dos problemas de Tipo I e II no relacionamento universidade-empresa.

13) Quais as melhores práticas para garantir a apropriação do conhecimento pela organização?

14) Quais os conflitos que podem surgir quando se tenta impedir a circulação de pessoas como forma de barrar a transferência de conhecimentos tácitos?

15) Seria possível incrementar a criação de conhecimento com alto grau de universalidade e ao mesmo tempo incrementar as relações da universidade com o setor empresarial?

2
CONCEITOS EM CIÊNCIA, TECNOLOGIA E INOVAÇÃO

RELACIONAMENTO ENTRE CIÊNCIA E TECNOLOGIA

São muitas e complementares as possíveis definições para a ciência e a tecnologia. Uma das mais respeitadas é a proposta pela Unesco, que diz: "a ciência é o conjunto de conhecimentos organizados sobre os mecanismos de causalidade dos fatos observáveis, obtidos por meio do estudo objetivo dos fenômenos empíricos", ao passo que "a tecnologia é o conjunto de conhecimentos científicos ou empíricos diretamente aplicáveis à produção ou melhoria de bens ou serviços".[126]

A ciência está intimamente ligada ao conhecimento dos fenômenos, à comprovação de teorias etc., enquanto a tecnologia está associada a impactos socioeconômicos sobre uma comunidade, resultante da aplicação de novos materiais, novos processos de fabricação, novos métodos e novos produtos nos meios de produção. A ciência, embora influa sobre a comunidade, não tem por escopo impactos sociais e econômicos, ao passo que a tecnologia fica destituída de sentido se não estiver sintonizada com as preocupações econômicas e o bem-estar de uma sociedade.[123]

É possível reconhecer que o crescimento dos conhecimentos científicos foi maculado pelo seu próprio sucesso logo no início do século xx, "ao verificar-se não ser mais possível continuar a manter o mito da neutralidade da ciência: o impacto na sociedade de algumas das suas aplicações bélicas não deixava lugar para dúvidas".[13,p.91]

Além disso, ciência e tecnologia não são neutras, pois refletem as contradições das sociedades que as engendram, tanto em suas organizações como em suas aplicações. Na realidade, são formas de poder e de dominação entre grupos humanos e de controle da natureza.[58]

A ciência está normalmente associada à publicação de artigos, teses, livros, tratados etc., e os conhecimentos por ela criados são livremente veiculados, por serem considerados patrimônio da civilização e não objetos de propriedade particular. A tecnologia, por sua vez, é sistematicamente vinculada a um produto ou processo, de natureza privada, passível de ser negociado e enquadrado por patentes.[123]

Contudo, do ponto de vista epistemológico, é impossível isolar a noção de tecnologia ou *techné*, porque existe uma relação que vai da ciência à técnica, da técnica à indústria, da indústria à sociedade, da sociedade à ciência etc., em que a técnica aparece como um momento desse circuito.[71]

Nesse circuito, há também o efeito da retroação, de modo que cada termo retroage sobre o precedente, ou seja, a indústria retroage sobre a técnica e orienta-a, a técnica retroage sobre a ciência e orienta-a. Portanto, o primeiro problema é evitar o isolamento do termo *techné*. Em vez de isolar o termo tecnologia, deve-se, isto sim, ligá-lo a um macroconceito que reagrupe, em constelação, outros conceitos.[71]

Já não se pode separar o conceito de tecnologia dos conceitos de ciência e de indústria, e este é um conceito circular porque, no fundo, todos sabem que um dos maiores problemas da civilização ocidental está justamente no circuito representado a seguir, em que a sociedade evolui e se transforma.[71]

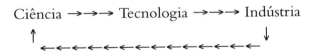

Tecnologia pode ser definida como um acervo de conhecimentos de uma sociedade (como a ciência); entretanto, relaciona esse acervo de conhecimentos com as artes industriais.[69] A tecnologia fundamenta-se nos métodos e nos conhecimentos científicos, compreendendo o domínio dos materiais e dos processos, úteis para a solução de problemas técnicos e para a fabricação de produtos.[77]

Quanto à sua disponibilidade, a tecnologia pode ser classificada como: materializada, documentada ou imaterial.[63,p.15]

Tecnologia materializada são os equipamentos utilizados nos processos produtivos, os artefatos que constituem os produtos finais com um determinado conjunto de atributos como, por exemplo, funcionalidade, qualidade, durabilidade, preço, confiança ou *design* e que podem ser utilizados imediatamente. Incluem-se aí os *softwares*.

A tecnologia documentada é aquela que surge sob a forma de documentação – quaisquer documentos que descrevam e expliquem a solução de problemas, ou seja, manuais, plantas, *layouts*, memórias descritivas, livros técnicos, revistas especializadas, páginas na Internet etc. "A tecnologia documentada é relativamente menos imediata, em termos de aquisição e uso, em relação à tecnologia materializada, pois requer algum esforço de absorção por parte do utilizador".[63,p.16]

Tecnologia imaterial diz respeito ao conjunto de conhecimentos teóricos e práticos (experiência acumulada na resolução de problemas) necessários para conceber, fabricar e utilizar bens e serviços. Geralmente, esses conhecimentos não são explícitos e não estão livremente disponíveis. "A tecnologia imaterial é em grande parte adquirida através da formação inerente ao exercício da aplicação do conhecimento".[63,p.17]

O Quadro 2.1 sistematiza as noções de tecnologia materializada, documentada e imaterial, quanto ao seu grau de disponibilidade.

A técnica e a tecnologia são domínios cognitivos mais próximos da ação; ambas têm relação com o "saber fazer". Entretanto, pode-se definir a técnica como "saber fazer" tácito e a tecnologia como "saber fazer" explícito.[13,p.44]

Quadro 2.1
TECNOLOGIA: DIMENSÕES E DISPONIBILIDADE

DIMENSÕES	DISPONIBILIDADE IMEDIATA	NÃO-IMEDIATA
Materializada	Uso imediato	Adaptabilidade
Documentada	Manuais, livros, revistas, publicações da especialidade	Protegida por patentes e direitos intelectuais
Imaterial	Acesso/recurso a pessoas e equipes com experiência no domínio em causa	Implícita ou tácita, requer esforço de formação ou assimilação

Fonte: Laranja, Simões e Fontes.[63,p.15]

Outra definição considera a tecnologia um conjunto de peças de conhecimento – sejam peças diretamente práticas (relacionadas com problemas concretos), sejam teóricas (mas praticamente aplicáveis, embora não haja a necessidade de já terem sido aplicadas) –, *know-how*, métodos, procedimentos, experiências de sucesso e de fracasso e também, é claro, estruturas físicas e equipamentos. As estruturas físicas existentes incorporam, por assim dizer, o que já foi conseguido no desenvolvimento de uma tecnologia em uma atividade de solução de problema específico. Ao mesmo tempo, uma parte não incorporada de tecnologia consiste em competência particular, experiência de tentativas anteriores e soluções tecnológicas passadas. A tecnologia inclui a percepção de um conjunto limitado de alternativas tecnológicas possíveis e de futuros desenvolvimentos assumidos como atuais.[29]

Essa definição é muito interessante porque a distância conceitual entre ela e os atributos da ciência, como são sugeridos pela moderna epistemologia, não é assim tão grande. Na visão de Ruivo,[110] essa é uma definição adequada para o estado presente da tecnologia, ou seja, da "cientificação da tecnologia" na expressão de Bohme et al.,[8] em que a natureza e o comportamento da tecnologia tornam-se muito próximos daqueles da ciência.

Tecnologia industrial pode ser definida como um acervo de conhecimentos tecnocientíficos que, de maneira organizada e sistemática, é usado nas múltiplas atividades industriais.[123]

A tecnologia envolve um conjunto de conhecimentos que adquirem especificidade ao assumirem formas concretas na sua aplicação a determinados problemas particulares.[12] Ela é comumente associada à engenharia, mas essas culturas apresentam uma diferença fundamental: enquanto a engenharia se serve da técnica e da tecnologia, visando especificamente a realização de determinados produtos, a tecnologia compreende o conjunto de conhecimentos científicos aplicáveis a uma variada gama de projetos, processos e produtos que são empregados pela engenharia e pela indústria em suas finalidades específicas.

A tecnologia constitui um fator produtivo exógeno que as empresas podem obter no mercado, por meio da aquisição de patentes de invenção, de licenças ou de acordos empresariais, ou pode ser incorporado por meio de informação técnica, no caso em que seja de livre disponibilidade.[14]

Price, no artigo *Is technology historically independent of science?* (A tecnologia é historicamente independente da ciência?), entende a ciência e a tecnologia como duas culturas separadas. Ele também viu a ciência com uma estrutura cumulativa fortemente unida, ou seja, o novo conhecimento parece fluir de pedaços de conhecimentos antigos.[95]

O modelo apresentado para a ciência tinha sido desenvolvido em diversos estudos e em literatura científica antiga e moderna. No mesmo artigo, Price sugeriu que a tecnologia pode ter uma estrutura cumulativa semelhante, fortemente unida. Ele conclui, então, que a ciência e a tecnologia podem ter as suas próprias estruturas, independentes e cumulativas.[95]

Como as estruturas estavam separadas, somente em casos especiais e traumáticos, em que houvesse quebra de paradigmas, poderia haver um fluxo direto da frente da pesquisa da ciência para a tecnologia ou vice-versa.[95] Segundo Price, é possível, de certa forma, distinguir a atividade científica da tecnológica pelas diferentes atitudes, padrões de valores e tipo de formação dos cientistas e dos tecnólogos que têm, via de regra, perfis profissionais diferentes.[97]

A ciência e a tecnologia, embora conceitualmente diferentes, são inseparáveis. Para ilustrar a sua percepção sobre esse fato, Schmookler *apud* Freeman[39] emprega a figura de uma faca com dois gumes, enquanto Price[94] compara a ciência e a tecnologia com a figura de um par de dançarinos em que cada um dá os seus próprios passos (características e motivações distintas), embora dancem a mesma música.

As nações investem em ciência objetivando a expansão do conhecimento humano, o aprimoramento do seu corpo de técnicos e cientistas e, em longo prazo, a possível exploração de novos princípios, propriedades, materiais etc.; enquanto os investimentos em tecnologia visam aperfeiçoar o parque industrial e melhorar a qualidade dos produtos, tendo em vista a competição e, tradicionalmente, o prestígio político, econômico e militar internacional.[123]

O grupo de palavras "ciência e tecnologia" é utilizado de forma precisa porque serve para sugerir áreas gerais, abrangentes, sem definir os seus limites com exatidão.[70] As duas palavras são utilizadas em conjunto, como uma unidade, e é impossível representar a mesma entidade se utilizadas separadamente. A aparente complexidade do problema é uma ilusão criada pelas tentativas de apresentar uma definição precisa e rigorosa para os termos que, numa linguagem comum, são usados apenas de uma forma solta. As palavras "ciência" e "tecnologia" são úteis exatamente porque servem como um termo "guarda-chuva" amplo, que sugere, de uma forma geral, áreas do conhecimento sem definir seus limites exatos. As duas palavras são utilizadas em conjunto, com maior sucesso; ciência e tecnologia juntas (e não "a ciência e a tecnologia"), referem-se a uma entidade que existe na prática na nossa civilização mas que é impossível de ser dividida em duas partes.[70]

Alguns historiadores afirmam que a ciência e a tecnologia são dois subsistemas que se desenvolvem de forma autônoma e com um alto grau de independência entre eles.[39,p.33] Porém, mesmo considerando a autonomia entre a ciência e a tecnologia, parece lógica a tentativa de entendimento quanto ao relacionamento do binômio C&T, e deste com o setor industrial.

A ciência e a tecnologia, por serem culturas e produtos humanos, apresentam dimensões de ordem filosófica, política, econômica e social que, necessariamente, as enquadram em contextos sócio-históricos, com os quais interagem e se desenvolvem. A produção tecnocientífica é condicionada em seus objetivos pelos seus agentes e no seu modo de funcionamento pela sociedade onde se desenvolve.[77]

O acelerado desenvolvimento científico e tecnológico experimentado nos últimos anos impõe, aos que querem compreendê-lo, várias questões importantes, inclusive de ordem ética. No domínio das práticas sociais, o binômio ciência-tecnologia converte-se numa forma de poder capaz de produzir mudanças radicais na natureza e no próprio homem.[77]

Outro aspecto importante que diz respeito às ligações entre ciência e tecnologia tem sido levantado, dando suporte à idéia de que os diferentes tipos de ligações relacionam-se com períodos históricos diferentes, ou seja, essas ligações entre ciência e tecnologia estão dependentes, sobretudo, do período histórico em questão (Gibbons *apud* Ruivo[110]).

O processo de inovação tecnológica

O principal agente de mudança no mundo atual é a inovação tecnológica. O progresso econômico e social dos diversos países e o êxito das empresas, principalmente industriais, dependem da eficiência e da eficácia com que o conhecimento tecnocientífico é produzido, transferido, difundido e incorporado aos produtos e serviços.[115]

Muitos estudos têm sido desenvolvidos na busca do entendimento das origens das inovações tecnológicas. O conteúdo científico da tecnologia e o papel das pesquisas básicas no processo de introdução de inovações tecnológicas também têm sido amplamente investigados.

Inovação tecnológica pode ser definida como uma nova idéia, um evento técnico descontínuo, que, após certo período de tempo, é desenvolvido até o momento em que se torna prático e, então, usado com sucesso.[72]

Segundo Almeida[1] e Barros et al.,[7] o conceito de inovação tecnológica formulado por Schumpeter contempla cinco casos:

1. Introdução de um novo bem, que os consumidores não conheçam, ou de uma qualidade nova do bem.
2. Introdução de um novo método de produção, ainda não testado no meio industrial em questão, que tenha sido

baseado em uma nova descoberta científica e que possa constituir-se em um novo modo de manusear comercialmente um bem.

3. Abertura de um novo mercado, em que o ramo da indústria em questão não tenha penetrado, seja este mercado preexistente, ou não.

4. Conquista de uma nova fonte de fornecimentos já existente, ou a ser criada.

5. Levar a cabo uma nova organização, uma indústria, tal como criar ou romper uma posição de monopólio.

Alguns estudos apresentam a inovação como uma criação original, uma novidade; outros apresentam-na como algo tangível, possível de ser aplicado no mercado ou num processo de produção; e outros estudos ainda apresentam uma abordagem mercadológica para diferentes classes de utilizadores. Procurando incorporar essas diferentes visões, Utterback propõe que a inovação tecnológica seja entendida como um processo que envolve a criação, o desenvolvimento, o uso e a difusão de um novo produto ou idéia[128] ou, resumidamente, a introdução e difusão de produtos e processos (e serviços) novos e melhorados na economia.[128]

Tomado como referência pelos países da Organização para a Cooperação e Desenvolvimento Econômico (OECD), o Manual Frascati[80] conceitua a inovação científica e tecnológica como a transformação de uma idéia em um produto vendável, novo ou melhorado, ou em um processo operacional na indústria ou no comércio, ou em um novo método de serviço social. Peter Drucker adota uma orientação neo-schumpeteriana ao afirmar que a inovação é um esforço para criar alterações úteis ao potencial econômico e social da empresa,[33] além de considerá-la uma indispensável disciplina de gestão empresarial.[34]

Inovações tecnológicas incluem novos produtos, processos, serviços e também mudanças tecnológicas em produtos, processos e serviços existentes. Uma inovação é implementada se for introduzida no mercado (inovações de produto) ou for usada dentro de um processo de produção (inovação de processo). Inovações envolvem, então, uma série de atividades científicas, tecnológicas, organizacionais, financeiras e comerciais.[79]

Para se chegar ao sentido exato de inovação, é necessário diferenciar conceitualmente invenção e inovação. Um invento é uma idéia, um esboço ou um modelo para um dispositivo, produto, processo ou sistema novo ou aperfeiçoado; ao passo que a inovação, sendo um produto, serviço ou processo que pode ser comercializado, tem um mercado potencial e é obtida com base em conhecimentos técnicos, em invenções recentes ou provém de trabalhos de P&D.[39,p.26]

Para que a idéia de um novo produto ou processo inventado passe a ser uma inovação, é necessário que seja colocado à disposição do mercado e, principalmente, usado por ele. A criatividade de um invento ou o valor de uma descoberta não garante o seu êxito como inovação. Para tanto, as possibilidades técnicas abertas pela nova idéia devem ser associadas à criação de oportunidades de mercado. Se essa combinação não for corretamente estimada ou calculada pela empresa, a sua iniciativa pode resultar em completo fracasso.[55]

Uma característica distintiva da inovação tecnológica nos dias de hoje é o elevado ritmo de mudança, pois "os ciclos de vida do produto ou da produção são cada vez mais curtos e a sua renovação requer o acesso e a assimilação rápida de amplos conjuntos de conhecimento aplicado".[63,p.20] Os elevados ritmos de inovação tecnológica levam a alterações nos procedimentos internos de gestão e à criação de rotinas organizacionais que facilitem a aquisição e a endogenização empresarial de conhecimento tecnológico, bem como a sua constante atualização.

A necessidade de maior colaboração dá origem a redes de colaboração vertical e horizontal, o que, por sua vez, origina novos modos de organização industrial, denominados por Perez[87] de "competitividade estrutural" e por Freeman[40] de "redes de inovação".

O processo de inovação não pode ser entendido como um processo limitado a uma única empresa ou organização, mesmo que esta seja detentora de grandes recursos. O desenvolvimento ou a adoção de novas tecnologias é hoje, na sua essência, um processo de colaboração intensiva entre vários tipos de entidades, que formam uma complexa teia de atividades inovadoras. A inovação tecnológica numa envolvente multiinstitucional requer grande facilidade de estabelecer relações interpessoais e interempresariais, ultrapassando assim, o tradicional formalismo das relações institucionais.[63,p.21]

A inovação tecnológica também pode ser definida como a aplicação de novos conhecimentos tecnológicos, que resulta em novos produtos, processos ou serviços, ou em melhoria significativa de alguns dos seus atributos. Inerente a essa definição está a idéia de que os produtos ou serviços, novos ou melhorados, devem ter aceitação no mercado (ou aumento de aceitação neste) com conseqüências para o aumento da rentabilidade da empresa inovadora.[63,p.18]

A inovação envolve não só conhecimentos teóricos ou práticos num plano estritamente tecnológico (e científico) como também conhecimentos nas áreas de marketing e na área da gestão das organizações. Envolve mudanças no universo de conhecimentos tecnológicos prévios, pelo que se considera o conceito de inovação tecnológica como "um metaconceito de tecnologia, no sentido em que diz respeito a alterações na base de conhecimentos tecnológicos da empresa".[63,p.19]

Um estudo sobre a inovação e a sobrevivência das organizações mostrou que existe uma fase inicial de crescimento do número de empresas em determinado segmento industrial, passando por um máximo a partir do qual começa a decrescer até estabilizar-se num número pequeno de empresas. Na primeira fase, chamada de experimentação, evidencia-se a entrada de um número crescente de organizações disputando o mercado, até que uma, ou um pequeno grupo delas, consegue sobressair-se por meio de uma inovação que proporciona o domínio do mercado. A partir daí, as demais empresas começam a perder mercado e a desaparecer, numa chamada fase de dominação, em que só se mantêm aquelas que conseguiram inovar.[129] A Figura 2.1, a seguir, ilustra essas diferentes fases.

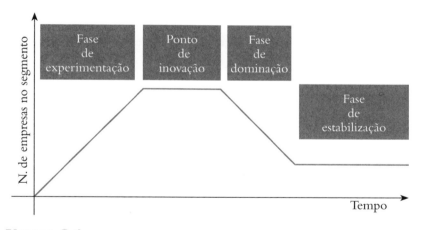

Figura 2.1
A inovação e a sobrevivência das organizações.

Fonte: Utterback.[129]

Nos países menos desenvolvidos, que se industrializaram via importação de tecnologia, há uma inversão na seqüência clássica de inovação tecnológica, proposta por Schumpeter.

A formação tecnológica se dá por um processo lento de assimilação e transferência de tecnologias importadas, que pode culminar com a inovação tecnológica, embora muitas vezes isto não aconteça.[131]

A primeira fase da formação tecnológica é o domínio da tecnologia no nível operacional. Em seguida, é a fase da formação por imitação, em que se copiam os procedimentos industriais e, por fim, ocorrem as adaptações, os aperfeiçoamentos e as inovações tecnológicas, como ponto máximo do processo de formação.[131]

A inovação ocorre em tecnologia, métodos, novos produtos, novas formas de administrar e produzir, novas maneiras de comercialização, identificação de novos grupos de clientes (nichos), novos esquemas de distribuição, novas formas de alianças estratégicas etc.[93] O processo de inovação representa a confluência da construção de capacidade tecnológica e das necessidades de mercado dentro do contexto da empresa inovadora.[108]

No cenário atual de competitividade e globalização de mercados, a inovação tecnológica é fator de sobrevivência das organizações.[4] Quando um determinado paradigma tecnológico é alcançado, dando origem à solução fundamental de um problema tecnológico, as inovações que se seguem tendem a ser evolucionárias, isto é, tendem a "modificar passo a passo o projeto dominante, fornecendo melhores respostas às perguntas advindas do paradigma existente, ao invés de buscar soluções fundamentalmente diferentes".[49,p.29]

A inovação não é um ato único e bem definido, mas uma série de atos unidos ao processo inventivo. A inovação adquire importância econômica só por intermédio de um processo exaustivo de redesenho, modificações e numerosas pequenas melhorias para adequação ao mercado consumidor. O aproveitamento em potencial de uma invenção (ou seja, a sua transformação numa inovação) supõe, por seu lado, um cuidadoso exame da acumulação de pequenos avanços técnicos no decorrer do tempo, bem como as suas implicações na alteração das características de rendimento em termos econômicos e como resultado de uma comparação de custos da nova tecnologia com as alternativas já disponíveis.[103,p.86] A inovação tecnológica não leva, necessariamente, ao completo abandono das tecnologias anteriores. O êxito comercial com as inovações tecnológicas, em geral, implica ou envolve um estudo acurado daqueles aspectos das práticas antigas que devem ser abandonados e dos que devem ser mantidos.[103,p.88]

Inovação incremental, ou menor, é aquela representada pelas mudanças técnicas menores surgidas da acumulação de experiências, assim como as melhorias de produto e/ou processo introduzidos posteriormente à inovação original. Incrementais são as inovações que não resultam necessariamente de atividades de P&D, mas de melhoramentos sugeridos por funcionários da indústria ou por utilizadores do produto. Inovação radical, ou maior, seria aquela atividade criativa associada à gestão de mudanças tecnológicas maiores, normalmente advinda de atividades de P&D.

Inovações incrementais envolvem as pequenas melhorias e o aperfeiçoamento de produtos ou métodos de fabricação, que resultam em melhores acabamentos, melhor qualidade, funcionalidade acrescida etc.; enquanto as inovações radicais, ou descontinuidades, envolvem as alterações profundas no conjunto de conhecimentos aplicados, que originam produtos ou processos inteiramente novos ou com atributos substancialmente diferentes da versão anterior.[63,p.19]

É importante distinguir as inovações incrementais das radicais. As inovações incrementais são introduzidas continuamente na produção como resultado da formação tecnológica e são muito pouco exigentes em termos de novos conhecimentos tecnocientíficos.

As inovações radicais são compreendidas nas tecnologias de ponta, muito mais densas e inovadoras em relação aos seus conteúdos tecnocientíficos.

Davenport distingue a inovação de processo da melhoria de processo. Segundo ele, a melhoria de processo envolve um nível menor de alterações, afirmando que "se inovação de processo significa realizar uma atividade através de uma alteração radical, a melhoria de processo significa realizar o mesmo processo melhorando a eficiência e a eficácia".[23] O Quadro 2.2, a seguir, destaca importantes diferenças entre os dois conceitos salientados por esse autor.

Quadro 2.2
MELHORIA DE PROCESSO E INOVAÇÃO DE PROCESSO

CARACTERÍSTICAS	MELHORIA	INOVAÇÃO
Grau de mudança	Incremental	Radical
Ponto de partida	Processo existente	Novo processo
Freqüência da mudança	Única ou contínua	Única
Tempo necessário	Curto	Longo
Participação	De baixo para cima	De cima para baixo
Escopo típico	Estreito, interno às funções	Extenso, por meio das funções
Risco	Moderado	Elevado
Agente ativador primário	Controle estatístico	Tecnologia da informação
Tipo de mudança	Cultural	Cultural e estrutural

Fonte: Davenport.[23]

A diferença entre inovação e mudança tecnológica é apresentada também por outros autores, como Hill, para quem o processo de inovação tecnológica envolve a criação, o projeto, a produção, o primeiro uso e a difusão de um novo produto, processo ou sistema tecnológico. Acrescenta, ainda, que não é um requisito o produto ou processo ser tecnologicamente novo para constituir-se uma inovação. Ele apenas precisa ser o primeiro utilizado comercialmente com sucesso. Por outro lado, a mudança tecnológica envolve alguma troca em um produto ou processo, como por exemplo, a adoção de um método existente, porém melhor, para ser incorporado em um processo de produção.[54]

A partir das citações apresentadas, é possível dizer que os termos "mudança tecnológica" ou "melhoria de processo", defendidos por alguns autores, coincidem com o que outros definem como "inovação tecnológica incremental". De qualquer modo, para Barros et al. "há uma tendência em delimitar as fronteiras entre inovação e mudança tecnológica em função do impacto da alteração no processo de produção da empresa".[7] O aspecto cumulativo do processo de inovação e as especificidades no âmbito das empresas exigem a imposição de características setoriais próprias para o surgimento e a utilização da inovação.

Com relação, por exemplo, à introdução de inovações tecnológicas incrementais nas pequenas e médias empresas (PMEs), o processo revela-se um pouco mais simples do que o exposto anteriormente. As PMEs empregam, em sua grande maioria, tecnologias já desenvolvidas. Esse fato não envolve grandes limitações em termos da disponibilidade de conhecimentos da pesquisa básica e depende muito mais da adoção de práticas de gestão e de estratégias de formação tecnológica adequadas.

A inovação depende da estratégia da gestão — capaz de antecipar necessidades, monitorar a tecnologia e controlar custos — e também da promoção de flexibilidade, da cooperação com centros exteriores de conhecimento, da formação contínua etc.

As fontes de inovação podem ser divididas em fontes externas (ou ambientais) e fontes internas.[107] Fontes externas de inovação são aquelas relacionadas à sociedade como um todo e que refletem, em grande medida, aspectos estruturais, resultantes de processos sociais de longo prazo. Estão associadas a:

- composição e índice geral de qualificação da força de trabalho do país;
- abrangência e grau de excelência dos cursos e programas de formação de recursos humanos para todas as fases do processo de produção dos setores relevantes;
- grau de excelência das equipes de pesquisadores atuantes nas áreas de conhecimento relevantes, bem como sua estabilidade e experiência acumulada;
- grau de domínio de outros paradigmas tecnológicos, isto é, a capacidade tecnológica geral já alcançada pela sociedade.[107]

As fontes de inovação internas das empresas são atitudes, recursos e mecanismos que, de um lado, levam a empresa a buscar deliberada e sistematicamente a criação e/ou a introdução de inovações; e, de outro, podem influir de maneira decisiva nos resultados desses esforços. Entre as principais fontes de inovação, podem ser citadas:

- a experiência acumulada na atividade inovadora;
- o grau de qualificação e de motivação dos recursos humanos;
- o compromisso institucionalizado com a mudança e a inovação, com a qualidade do produto e com a satisfação do cliente;
- a preocupação institucionalizada com o desenvolvimento de fontes de fornecimento de matéria-prima, partes e componentes confiáveis;
- a preocupação institucionalizada com o estabelecimento de vínculos com fontes de inovação e/ou de informações tecnológicas externas.[107]

Utterback[129,p.94-5] propõe um modelo para a dinâmica da inovação tecnológica, com base na distinção entre o ciclo de inovação de produto e o ciclo de inovação de processo associado àquela inovação de produto. Segundo este autor, à inovação de produto se segue a inovação de seu processo de produção e finalmente a estabilização que utiliza a inovação essencialmente para manter o mercado, em uma seqüência que ocorre em três fases: fluida, transitória e específica. Na fase fluida, ocorrem mudanças significativas e freqüentes no produto; na fase transitória, ocorrem mudanças significativas no processo, as quais são requeridas pelo aumento da procura; e, finalmente, na fase específica ocorrem inovações incrementais para o produto, com melhorias cumulativas em produtividade e em qualidade.

Questões para debate em grupo

1) Entre os diversos conceitos apresentados para o termo "ciência", qual é o mais adequado? Por quê?

2) Entre os diversos conceitos apresentados para o termo "tecnologia", qual é o mais adequado? Por quê?

3) Qual é a diferença fundamental entre tratar os termos "a ciência" e "a tecnologia" isoladamente e tratá-los como o binômio "ciência e tecnologia"?

4) Entre os diversos conceitos apresentados para o termo "inovação", qual é o mais adequado? Por quê?

5) Cronologicamente, em que ordem acontecem: a ciência, a tecnologia ou a inovação? Há como inverter essa ordem?

6) Debater o "mito da neutralidade científica".

7) Entendidos os conceitos de tecnologia, pode-se concordar que de fato exista "tecnologia imaterial"?

8) Citar exemplos de invenções que nunca se converteram em inovações.

9) Exemplificar com casos reais as diversas fases do estudo sobre a inovação e a sobrevivência das organizações.

10) Exemplificar casos reais de inovação incremental.

11) Exemplificar casos reais de inovação radical.

3
MODELOS DE MUDANÇA TECNOLÓGICA

MODELOS LINEARES

Atualmente, é fato reconhecido que o processo de inovação não é linear, ou seja, a idéia de que a pesquisa fundamental dá origem à pesquisa aplicada, a qual, por sua, vez resulta em um protótipo que, finalmente, após uma fase de engenharia, resulta em um produto comercial é apenas uma aproximação grosseira.

A literatura sobre a inovação e o seu impacto econômico tem convergido para os chamados modelos interativos da inovação, em que esta é interpretada como um processo com múltiplas retroações e participação de diferentes atores, em que, por exemplo, a percepção e a identificação de necessidades de mercado desempenham um papel fundamental.[59]

Quando se tenta lidar com a relação ciência-tecnologia, sempre surgem algumas dificuldades, porque essa questão é fortemente afetada por atitudes ideológicas. Isso é um ponto muito importante, não somente quanto ao estudo em questão, mas também quanto à adoção de modelos de mudança tecnológica por aqueles que decidem as políticas de ciência e tecnologia.[70] Um exemplo é a aceitação, de longa data, do modelo linear de mudança tecnológica. Existiram sempre atrações simplistas em um modelo como o linear, que relaciona causa e efeito, apesar de suas limitações teóricas bem conhecidas. As políticas científicas de diversos países ainda são fortemente influenciadas pelo modelo linear de mudança tecnológica, embora pesem as críticas que tal modelo tem recebido.

A questão do modelo de mudança tecnológica, aceito por aqueles que elaboram a política científica e os programas nacionais de pesquisa dos diversos países, impõe a necessidade de uma análise mais criteriosa.

Schumpeter (*apud* Veiga[131]) sugeriu que o processo de inovação tecnológica ocorre em três fases:

1. Invenção: quando é demonstrada a viabilidade de um novo produto ou processo.
2. Inovação: quando a empresa obtém sucesso na venda de um produto novo ou melhorado, ou na utilização de um processo novo ou aperfeiçoado.
3. Difusão: é a fase em que as inovações são adotadas em escala crescente por outras empresas.

Os diferentes modelos que são aqui abordados implicarão em políticas de desenvolvimento científico e tecnológico bastante distintas, particularmente em relação às parcelas de investimentos orientadas para o suporte das pesquisas básicas.

Tradicionalmente, o caminho pelo qual o conhecimento é produzido e colocado em operação foi descrito em um modo contínuo, da pesquisa básica à pesquisa aplicada e desta ao desenvolvimento tecnológico. Langrish et al. (*apud* Ruivo[111]) apontam que essa visão postula um "modelo linear-seqüencial" do processo de inovação. Esses autores identificaram duas grandes categorias desse modelo linear-seqüencial:

1. A categoria "empurrado pela descoberta científica" (*discovery-push* ou *science-push*).
2. A categoria "puxado pela procura" (*demand-pull* ou *market-pull*).

Essas categorias, representadas a seguir, são definidas de duas formas: ou a ciência abre novas oportunidades ou as exigências dos consumidores dirigirão o próprio desenvolvimento da ciência.

Modelo science-push

Pesquisa básica orientada pela curiosidade ⇒ Pesquisa aplicada ⇒ Desenvolvimento experimental ⇒ Inovação tecnológica.

Modelo market-pull

Procura pelo mercado ⇒ Pesquisa aplicada ⇒ Desenvolvimento experimental ⇒ Inovação tecnológica.

A primeira categoria do modelo mostrou-se bastante atraente para os cientistas, pois justifica maiores investimentos em pesquisa básica. Entretanto, a segunda categoria, um modelo alternativo proposto na década de sessenta com o apoio dos economistas, possui como ponto de partida ao processo de inovação tecnológica o fator da procura pelo mercado, mais do que a disponibilidade de conhecimentos científicos.[57]

Existem estudos empíricos que apóiam o modelo *market-pull*, como o trabalho de Schmookler.[116] Esse estudo cobriu as patentes registradas nos Estados Unidos no período de 1840 a 1950 em quatro grandes indústrias: ferrovias, máquinas agrícolas, papel e refinarias de óleo. Diversos autores, como Rosenberg e Freeman, analisaram o trabalho de Schmookler, sua importância e suas limitações. Esses autores têm argüido que as forças de ambos os lados, da procura (*market-pull*) e da oferta (*science-push*) influenciam a atividade inventiva.

Mesmo que alguns estudiosos aceitem a proposição de que as forças do lado da procura determinam sozinhas a disponibilização de recursos para a invenção, continua a ser verdade o fato de a oferta exercer influência nas conseqüências atuais de tal uso de recursos, isto é, o número de invenções de sucesso e o *timing* (momento adequado para o surgimento) dessas invenções. A explanação da natureza e da composição do resultado das invenções requer, necessariamente, uma compreensão de como funcionam as forças do lado da oferta.

Rosenberg, que inicialmente enfatizava tanto a procura como a oferta, criou mais tarde um modelo para a compreensão dos avanços científicos que envolviam o seu estreitamento com a categoria *technology-push*. A tecnologia é considerada como um corpo de conhecimento acerca de certas classes de eventos e atividades que têm sido adquiridos e acumulados de formas empíricas durante um longo período. A trajetória natural de certos avanços tecnológicos identifica e define os limites de posteriores avanços que, por sua vez, levam a mais pesquisas.[103]

Para Rosenberg, o progresso tecnológico identifica claramente a direção das novas pesquisas científicas que, conseqüentemente, oferecem um alto potencial de rendimento. Mesmo quando a pesquisa básica precede uma grande ruptura tecnológica, é o estabelecimento de uma ligação visível entre o campo científico e o campo tecnológico que intensifica a pesquisa nessa direção. Isso se deve a mudanças nas estruturas dos incentivos econômicos.[103]

Freeman[39] comparou as proposições de Schmookler com o estudo efetuado por Walsh e Townsend[132] sobre a indústria química no Reino Unido. Em seu estudo, tentou descobrir como a ciência e a tecnologia respondiam às necessidades sociais, em particular, às necessidades econômicas. O seu objetivo era descobrir quais os fatores que estimulavam a inovação, fossem eles de mercado (*demand*) ou de ciência (*supply*), e que proviam conhecimento. Ruivo[111] salienta que as indústrias estudadas por Schmookler dificilmente poderiam ser chamadas de indústrias de ciência-intensiva e não estavam desempenhando atividades de inovação de elevado grau.

Em contrapartida ao tipo de indústria estudado por Schmookler, outras, como as químicas, são mais dependentes da ciência. No estudo de Walsh e Townsend,[132] o desenvolvimento da indústria química foi precedido por uma onda de publicações científicas. Eles afirmam também que pode ocorrer, em qualquer ramo de indústria, uma fase anti-Schmookler seguida por uma fase Schmookler. Isso foi o que aconteceu com a indústria farmacêutica e com a indústria de plásticos. No último caso, esse fato ocorreu quando houve uma mudança de ênfase, de inovação de produto para inovação de processo.

Freeman[39] sugeriu que, na fase inicial de uma indústria, é o progresso da ciência, apresentado por publicações científicas, que lidera as ondas de invenções e de inovações. Nessa fase, a ciência abre as oportunidades para o investimento e a produção. Em uma fase subseqüente, é a exigência feita pelo mercado (clientes e consumidores) e as necessidades de melhoria no processo que determinam a atividade inovadora.

Este autor também apoiou a interessante idéia de Schumpeter,[117] ligando grandes invenções (carros, máquinas a vapor, ferrovias) à idéia dos ciclos de desenvolvimento econômico avançada por Kondratiev[61] (ondas longas). Para Freeman, isso tem repercussões enormes tanto sobre as políticas econômicas quanto sobre as políticas científicas e tecnológicas. Outra conseqüência é a necessidade por informações estimulantes durante a primeira fase de desenvolvimento de uma tecnologia, período em que não existe a devida atenção para a importância em potencial dessa tecnologia.

O ponto de vista de Freeman[39] também clarifica, na opinião de Ruivo,[111] a emergência de diferentes paradigmas da política científica. A presença da ciência como uma fonte de oportunidade estratégica está relacionada com a presença emergente de novas tecnologias derivadas da *science-push*. O "modelo de Freeman" combina *science-push* com *market-pull*. Na visão de Ziman,[134] esse tipo de modelo é chamado de cíclico, no sentido de permitir a ocorrência de algumas realimentações (*feedbacks*). De qualquer modo, para Ziman, o modelo de Freeman ainda é, na sua essência, um modelo linear.

O que se pode afirmar com relativa segurança é que o processo de inovação não pode ser representado por uma seqüência linear de eventos, a partir de um único fator. Ao contrário, o processo ocorre de forma interativa, envolvendo a combinação e a sinergia de muitos fatores, dentre os quais podem ser citados: o domínio de conhecimentos tecnocientíficos específicos; as necessidades e as atitudes sociais; a procura pelo mercado; o apoio governamental mediante definição de prioridades e aplicação de instrumentos de fomento apropriados; a capacidade de risco do poder público e do setor empresarial; a disponibilidade de capital para investimentos; a qualidade do sistema das tecnologias industriais básicas (metrologia científica, normalização, informação científica e tecnológica, gestão da qualidade, propriedade industrial etc.); a disponibilidade e a qualidade dos serviços de apoio (marketing, *design*, informação, certificação de qualidade etc.); a dimensão e a qualidade do sistema de educação tecnológica; a dimensão, a qualidade e o perfil da base tecnocientífica local, regional e nacional etc.[77]

Modelos interativos

Ao menos dois desenvolvimentos intelectuais foram necessários para que emergissem os modelos interativos.[6] Um deles dizia respeito ao desenvolvimento da ciência e da tecnologia no âmbito cultural; o outro tratava das relações entre conhecimento e tecnologia, no sentido de desenvolvimento de inovações.

Primeiramente, ciência e tecnologia tinham de ser reconhecidas em conjunto como formas de cultura. Era preciso aceitar que a nova ciência se desenvolve predominantemente a partir da velha ciência, e que novas tecnologias se desenvolvem de velhas tecnologias.

No caso da ciência, a tendência de relacionar novas descobertas somente com a natureza e de dar pouca importância ao conhecimento repassado ou recebido, fosse a partir da ciência existente ou a partir de conhecimentos tecnológicos, constituiu um obstáculo que só recentemente foi superado. No caso da tecnologia, uma preocupação exagerada com o papel da ciência na inovação reduziu durante muito tempo o interesse na atuação muito mais importante da tecnologia existente.

O segundo desenvolvimento necessário para que emergisse o modelo interativo era muito mais sutil. Tinha de se aceitar que o conhecimento não tem implicações inerentes. Enquanto se pensava que as teorias e as descobertas tinham tais implicações, a tecnologia podia ser vista como uma atividade rotineira sempre que as implicações fossem deduzidas e compreendidas. Qualquer inovação tecnológica poderia ser seguida no tempo e ser compreendida como uma conseqüência lógica da mais recente teoria científica ou uma descoberta feita nessa linha de desenvolvimento. O período entre teoria e inovação, o chamado intervalo entre a pesquisa fundamental e a sua aplicação prática, podia ser usado como um parâmetro para avaliar a eficácia ou ineficácia tecnológica.

Cognitivamente, não há uma distinção fundamental entre a criação de uma teoria científica e a sua aplicação subseqüente. As duas envolvem o desenvolvimento imaginativo e a aplicação do conhecimento existente com um propósito. Isso também ocorre com a exploração da inovação tecnológica no contexto da ciência.[6]

Em um estudo realizado em 1973, Price desenvolveu um modelo do tipo interativo, que desafiou o modelo linear e reafirmou a noção da construção do processo de acumulação ou transferência da velha para a nova ciência e, de modo similar, da velha para a nova tecnologia. Price considerou que a acumulação da ciência e a da tecnologia interagiam historicamente, embora de modo não muito intenso, de maneira que se pode afirmar que existia uma simbiose entre as duas.[96]

Gibbons e Johnston forneceram as provas necessárias para essa visão, com o estudo do surgimento do transistor.[45] Para eles, a história inicial do transistor sugeria que ele poderia ser mais corretamente descrito como um desenvolvimento tecnológico do que como um desenvolvimento científico. Isso significa que o transistor surgiu, sobretudo, como o resultado de uma construção tecnológica. Nesse estudo, sugerem também que a relação entre a ciência e a tecnologia era uma relação simbiótica. Isso difere da visão daquela época, da tecnologia como ciência aplicada.[45]

Price expandiu o modelo interativo no que diz respeito à instrumentação com base no telescópio de Galileu e na descoberta da tensão elétrica. Price sugeriu que as "instrumentações", ou seja, o ato de instrumentar e as técnicas experimentais, têm sido muito importantes na estimulação e na permissão de avanços radicais tanto na ciência fundamental quanto nas aplicações práticas. Portanto, as políticas explícitas devem apoiar tanto a instrumentação como a interação entre as culturas científica e tecnológica.[96]

Para Price, deve-se frisar que temos, a partir desta constatação, um meio útil para apoiar a inovação que não requer um financiamento governamental, mas que se baseia na interação entre todos os locais em que se pratica a ciência experimental. Uma vez que a inovação depende muito desses adventos nas invenções de novas instrumentações, deve-se fazer o possível para promover a transferência de tecnologia entre todos os setores da atividade: universidades, laboratórios governamentais e indústria.[96]

Entre os modelos de tipo interativo, existe o modelo de dois fluxos (*two-stream*) referido por Gibbons (*apud* Ruivo[111]). Esse modelo combina a idéia da interação entre as culturas científica e tecnológica com a abordagem *demand*-pull. O *two-stream model* favorece o apoio tecnológico e a pesquisa técnica, se o objetivo é promover a inovação tecnológica, mas também sugere que um importante aspecto da política pública deveria ser dirigido à necessidade de manter linhas de comunicação abertas entre ciência e tecnologia.

Muitos autores, como Irvine e Martin,[57] têm dirigido a atenção para a importância de compreender as mudanças tecnológicas a partir das conclusões de diversos estudos retrospectivos, principalmente o projeto HINDSIGHT, o projeto TRACES e o projeto SAPPHO. O mérito desses estudos retrospectivos está em "desafiar o modelo de causa e efeito" e permitir uma visão alternativa mais complexa.

O projeto HINDSIGHT, realizado no início da década de 1960 no Departamento de Defesa dos Estados Unidos, verificava a contribuição relativa da ciência e da tecnologia no desenvolvimento de armas de defesa como os mísseis Polaris, o míssil balístico intercontinental Minuteman e os aviões C-141.[111]

O projeto TRACES (T*echnology in Retrospect and Critical Events in Science* – Tecnologia em Retrospecto e Eventos Críticos em Ciência), realizado pelo Instituto de Pesquisas Tecnológicas de Illinois, tentava traçar acontecimentos críticos de pesquisa que levaram a quatro grandes inovações (o videocassete, a pílula contraceptiva oral, o microscópio eletrônico e os ferrites magnéticos). Nesse projeto, várias correntes da ciência e tecnologia foram descobertas. Essas descobertas encontravam-se em oposição àquelas do projeto HINDSIGHT e a amostra usada nesse estudo foi taxada de errônea.[29]

O projeto SAPPHO (*Scientific Activity Predictor from Patterns with Heuristic Organs* – Padrões de Processos Heurísticos para Previsão de Atividade Científica), realizado pelo SPRU (Science Policy Research Unit) da Universidade de Sussex, analisou fatores relacionados com a inovação. Apesar desse projeto não apresentar especificamente as contribuições dadas pela ciência básica em relação a uma pesquisa mais aplicada, produziu um resultado interessante. Enquanto metade das empresas estudadas realizava uma certa quantidade de pesquisa básica, havia apenas uma modesta correlação entre estas e as inovações bem-sucedidas. Essas inovações bem-sucedidas faziam mais uso de tecnologias externas, assim como de conselhos e opiniões científicas.[29]

Um dos modelos que enfatizam a existência de *feedbacks* é o apresentado por Kline e Rosenberg em 1986,[59] representado na Figura 3.1.

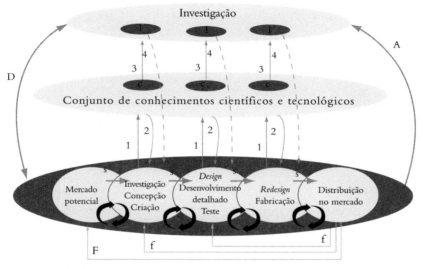

Figura 3.1
Modelo de Kline-Rosenberg.

Fonte: Kline e Rosenberg.[59]

O modelo de Kline e Rosenberg também é conhecido como modelo das ligações em cadeia (*chain-link model*). Nesse modelo, a letra S representa a seqüência principal da inovação, que se inicia com uma invenção ou com o reordenamento de conhecimentos preexistentes (projeto analítico), seguindo-se as fases de projeto de detalhes e testes, revisão do projeto e da produção e, em seguida, o lançamento no mercado com o respectivo marketing e distribuição.

A letra f (minúscula) representa o *feedback* curto entre as fases subseqüentes. Já a letra F (maiúscula) é um *feedback* longo entre as necessidades do mercado e dos utilizadores e as fases anteriores do processo de inovação.

As letras C e I são as ligações em cadeia entre ciência (no desenho, representada por I de Investigação) e os conhecimentos que conduzem à inovação (C). Na maioria dos casos, as empresas utilizam os conhecimentos C acumulados ao longo do tempo (linhas 1 e 2). Se, eventualmente, os conhecimentos C que existem não são suficientes, entra em ação a linha 3, ou seja, o recurso à pesquisa I. A linha 4 (tracejada) representa o retorno da pesquisa para a aplicação prática. Note-se que, em todas as fases do processo de inovação, é possível recorrer ao recurso da pesquisa, e não apenas no começo do processo, como no modelo linear.

A linha D corresponde a uma contribuição direta da pesquisa à fase inicial de invenção/realização do projeto. A linha A representa a utilização de inovações (equipamentos, processos etc.) na pesquisa.

Uma alternativa ao modelo linear de mudança tecnológica, o modelo evolucionário (*evolutionary model*), foi apresentado por Nelson e Winter.[75] Esses autores caracterizaram a criação da inovação como um resultado probabilístico proveniente das várias estratégias de pesquisa e desenvolvimento dentro de um ambiente selecionado.

Os ambientes são:

- de seleção do mercado, relacionados com as empresas;
- de seleção exteriores ao mercado, relacionados com os clientes e as regulamentações.

Esses ambientes trazem de volta o tipo de pesquisa e de desenvolvimento que as empresas consideram lucrativo e realizável.

Nelson e Winter dedicaram-se aos estudos em âmbito micro, os quais, em sua visão, têm documentado fatos sobre a inovação e desafiado a estrutura teórica usual que está por trás dos estudos de crescimento da produtividade.[75]

O primeiro estudo desses autores revela que a inovação envolve incertezas de uma forma essencial. O processo implícito de caracterização dos modelos de produção parecia ser não apenas rudimentar, mas fundamentalmente incerto. O problema não pode ser remendado pela reposição de teoria em termos de expectativas, introduzindo considerações de aversão ao risco etc.; pelo contrário, uma estrutura teórica deve incluir diversidade essencial e desequilíbrio nas escolhas.

Devido às incertezas envolvidas, diferentes pessoas e organizações discordarão sobre onde e quando devem fazer as suas apostas acerca de pesquisa e desenvolvimento. Algumas terão razão e outras não. O reconhecimento explícito de que existem incertezas é importante quando se pensa em política (de ciência e tecnologia).[75]

Kline e Rosenberg comentam que o grau de incerteza é fortemente correlacionado com o grau de avanço de uma determinada inovação.[59]

Há quatro grupos principais de incertezas ligadas à inovação:

1. Incerteza devido a concorrência: uma certa taxa de insucesso é inevitável quando existe uma forte concorrência. Existem situações onde o mercado é tão vasto que pode absorver a produção de várias empresas durante um certo tempo, mas, em alguns casos, o mercado pode ficar rapi-

damente saturado, reduzindo, assim, a margem de lucro da empresa inovadora.
2. Incerteza devido ao processo de produção: um processo ou um produto aparentemente promissor em escala de laboratório, pode revelar-se inviável junto ao mercado por diversas razões, tais como: baixo rendimento técnico, pouca confiabilidade etc.
3. Incerteza devido ao mercado: algumas vezes, a intenção de compra identificada no estudo de mercado revela-se bem diferente da decisão de compra após o lançamento da inovação. Além disso, se o produto leva muito tempo para ser disponibilizado, o resultado do estudo de mercado pode estar ultrapassado.
4. Incerteza devido a erros de gestão: as principais fontes de erros são identificadas com a interpretação das tendências do mercado, com a concorrência, com a concepção do novo produto, com a redação mal feita do pedido de patente ou até mesmo com a omissão deste em um outro país.[41]

Essas considerações sobre as incertezas, ligadas ao processo de inovação, ajudam a compreender por que vários problemas aparecem em momentos diferentes durante o processo de produção de uma inovação tecnológica.

Devido a essas incertezas, Nelson e Winter produziram alguns conceitos, como o de regime tecnológico (*technological regime*), em um sentido cognitivo relacionado com a crença técnica sobre o que é viável ou o que, pelo menos, vale a pena tentar.[75] Outro aspecto a ser considerado é que a estrutura institucional para a inovação é freqüentemente muito complexa no interior de cada setor e varia significativamente entre os setores econômicos.[111] Assim, para Nelson e Winter, a teoria da inovação deve deixar espaço suficiente para a diversidade e a complexidade organizacionais. Esse ponto de vista é muito interessante tanto devido à idéia de incerteza no desenvolvimento tecnológico quanto devido à necessidade de diversidade institucional. Incerteza e diversidade requerem que diferentes pessoas e diferentes instituições sejam envolvidas no processo.

Giovanni Dosi[29] desenvolveu ainda mais o modelo de Nelson e Winter, sugerindo as importantes idéias de paradigma tecnológico (*technological paradigm*) e de trajetória tecnológica (*technological trajectory*), indo além da idéia de trajetória natural sugerida por Nelson, Winter e por Rosenberg.

De modo geral, o conceito de paradigma está associado a padrão. Na verdade, o conceito é bem mais amplo. Pode-se pensar em paradigmas da prática administrativa, do consumo, das leis da física etc. O mais importante é a idéia da possibilidade de romper com paradigmas vigentes, estabelecendo novos paradigmas.[36]

Quando há um paradigma vigente, a comunidade científica luta para explicar novos fenômenos e estabelecer relações que o confirmem ou que o derrubem. As crises são geradas a partir das falhas do paradigma vigente na tentativa de explicar os novos fenômenos. Os velhos paradigmas são substituídos – de tempos em tempos, a partir de suas próprias falências – pelos novos, gerando-se um interminável ciclo paradigma-crise-paradigma.[77]

Em analogia à definição de Kuhn[62] de paradigma científico, Dosi propôs o conceito de paradigma tecnológico como um

> padrão de solução de problemas tecno-econômicos selecionados, baseado em princípios altamente selecionados derivados das ciências naturais, orientado para a aquisição de conhecimentos específicos de maneira a resguardá-los de uma rápida difusão aos competidores.[31;32,p.84]

Giovanni Dosi explicou essa analogia dizendo que como um paradigma científico determina o campo de questionamentos, os problemas, os procedimentos e as tarefas, também o paradigma tecnológico o determina (seria talvez melhor falar em "grupos de tecnologia", por exemplo, tecnologias nucleares etc.).[19] Ao referir-se à direção das mudanças tecnológicas (*technological change*), ele considera a existência de paradigmas que condicionam os processos de inovação em direções determinadas pelo conjunto de problemas e soluções considerados previamente relevantes e que delimitam os esforços tecnológicos.

> Um paradigma tecnológico define contextualmente as necessidades a serem atendidas, os princípios científicos a serem usados para as tarefas e a tecnologia de materiais a ser empregada.[31]

É também nos limites tecnológicos definidos pelo paradigma que os sinais de mercado podem induzir e influenciar o desenvolvimento do paradigma e das estruturas competitivas.[12]

Dosi refere-se à base de conhecimentos (*knowledge base*) para caracterizar o "conjunto de informações iniciais, conhecimentos e capacidades no qual os inventores baseiam-se quando buscam soluções inovadoras".[31] Os procedimentos, as habilidades e a heurística envolvidos no processo de busca são, para variados níveis, específicos para cada tecnologia. Em outras palavras, cada paradigma tecnológico envolve uma tecnologia da mudança técnica.[31]

A natureza das atividades produtivas, a base de conhecimentos na qual se desenvolvem as inovações e a distância tecnológica do setor em relação ao que Dosi chama de *core revolutionary* (ponto central, ápice de uma nova tecnologia) indicam as oportunidades tecnológicas do paradigma.[31]

Da maneira como Dosi o descreve, o modelo de Nelson e Winter está relacionado aos mecanismos evolucionários no interior de um ambiente específico, em contraste ao seu próprio modelo, em que pode explorar tanto a continuidade (inovação incremental) como as mutações (inovação radical).

O conceito de trajetória tecnológica também foi proposto por Dosi como o padrão de atividade normal de solução de problemas, isto é, de progresso sobre a base de um paradigma tecnológico.[19] Esta trajetória, ao longo da qual a tecnologia evolui, foi definida por Dosi como

> a atividade do processo tecnológico ao longo de *trade-offs* (equilíbrio entre os aspectos econômicos e tecnológicos, em que é necessário sacrificar um pouco um aspecto para obter outro) econômicos e tecnológicos definidos pelo paradigma.[31]

Perez define as trajetórias tecnológicas como o caminho percorrido por uma tecnologia desde o seu aparecimento até a maturidade, desde a sua primeira introdução, relativamente torpe e primitiva, seguida pela identificação de um "gargalo tecnológico atrás de outro", conduzindo a inovações suplementares, continuando por meio de um processo ou produto, depois do qual os esforços adicionais produzem rendimentos decrescentes.[86,p.4]

Considerando que as trajetórias tecnológicas são determinadas no campo da principal atividade das empresas inovadoras, Pavitt propôs uma taxonomia dessas trajetórias segundo a origem da tecnologia, as necessidades dos utilizadores dos produtos e as formas de apropriação das inovações pelas empresas.[83] Na categoria de empresas que Pavitt chamou de dominadas pelos fornecedores, em que estão incluídas a grande maioria das pequenas e médias empresas (PMEs), a tecnologia vem dos setores fornecedores de equipamentos e matérias-primas e as empresas fazem poucos investimentos em P&D. As inovações ocorrem principalmente em processos e são, sobretudo, resultados de busca pela diminuição de custos.

A dinâmica tecnológica nesses setores industriais dominados pelos fornecedores ocorre pela tentativa das empresas em diminuir ou eliminar a distância em relação à fronteira tecnológica, a qual é definida pelos fornecedores.[31] Desse modo, as maiores oportunidades tecnológicas estão fora das indústrias que absorvem tecnologia. Nesses casos, as mudanças tecnológicas dependem, portanto, do estágio da inovação nos fornecedores e das condições das empresas para adotá-las.[12]

A perspectiva de retorno econômico, ou seja, a possibilidade de apropriação da tecnologia, influencia diretamente o processo de inovação. A apropriação refere-se

> àquelas propriedades do conhecimento tecnológico e do artefato técnico, do mercado e do ambiente legal que permitem às inovações tornarem-se ativos geradores de renda, protegendo-as, em vários graus, contra a imitação dos competidores.[31]

A facilidade de imitação dos produtos está inversamente relacionada com as condições de apropriação das inovações.[31] O esforço de formação para a inovação que as empresas realizam, a difusão de novos processos, produtos e serviços e o processo de seleção entre as empresas, condicionados pela natureza de cada paradigma tecnológico com as suas oportunidades tecnológicas e condições de apropriação, são fatores que condicionam a evolução da estrutura industrial e o desempenho das empresas.[12]

A área de problemas e soluções delimitada no âmbito de um paradigma apresenta dimensões econômicas que se expressam nas oportunidades tecnológicas que o paradigma pode oferecer e nas possibilidades das empresas para explorar estas oportunidades, ou seja, nas condições de apropriação das inovações inerentes ao paradigma.[12]

Os padrões de mudança técnica observados são, por um lado, o resultado de uma interação entre várias formas de incentivos vindos do mercado e, por outro lado, uma combinação de oportunidades à apropriação.[31]

As oportunidades tecnológicas externas ao setor da empresa tendem a facilitar a imitação como principal forma de difusão tecnológica. No entanto, o acesso a novos equipamentos requer alguma capacidade tecnológica e, considerando a existência nas empresas de esforços de capacidade tecnológica própria, os custos de formação que decorrem da imitação acabam por restringir ou retardar esse processo de difusão.[12]

O "progresso" ao longo de uma trajetória tecnológica provavelmente retém alguns efeitos cumulativos: a probabilidade de futuros avanços, nesse caso, também está relacionada com a posição que alguém (uma empresa ou um país) ocupa *vis-à-vis* a fronteira tecnológica existente.[29]

Embora a aleatoriedade seja uma característica inerente aos processos de busca, a inovação não é resultado de uma descoberta completamente aleatória. A inovação deriva de um investimento de longo prazo em atividades de pesquisa e desenvolvimento. As empresas acumulam experiências e conhecimentos específicos no processo de mudança tecnológica, que as habilitam a escolher entre as possíveis trajetórias técnicas e de mercado, visualizando as suas próprias oportunidades.[55]

Da mesma forma que no modelo de Nelson e Winter, duas importantes características do modelo de Dosi são a incerteza e a diversidade institucional. Para ele, os fatores institucionais cruciais em políticas públicas são:

- a acumulação do conhecimento tanto na forma científica quanto na forma aplicada;
- formas de intervenção institucional que permitem uma diversidade de experiências e competição, tanto em termos de exploração tecnológica como de tentativas de fabricação;
- o efeito seletivo e direcionado induzido por várias formas de interesses não-econômicos, tais como: programas específicos de conservação de energia, exigências tecnológicas militares e a tendência nacional em direção à auto-suficiência em algum setor particular.[29]

Não se pode esquecer que os novos arranjos institucionais para a criação e a difusão do conhecimento estão, presentemente, alastrando-se. Alguns desses novos arranjos estão relacionados com as novas alianças ou parcerias em P&D. Ruivo refere-se às novas ligações que estão se formando entre diferentes setores (empresas privadas, indústrias, universidades, Estado) para estimular a produção do conhecimento como incluindo uma diversidade de serviços – os contratos universidade-empresa (UE), os consórcios entre empresas e programas governamentais, e entre universidade e empresa.[111] Essas alianças e instituições representam uma procura por novas formas organizacionais que realizem as funções de criação de conhecimento e o convertam em produtos, processos e serviços aplicáveis no mercado, ou seja, em inovações.[38]

Belt e Rip levaram ainda mais longe o modelo Nelson-Winter-Dosi, aplicando-o à indústria química de tintas sintéticas do século XIX (*apud* Ruivo[111]). Eles desenvolveram o modelo, por um lado, utilizando o conceito de Kuhn[62] de "exemplar" (novidade de grande impacto no meio científico em que surgiu) e "matriz" (aqui, uma matriz cultural) e, por outro lado, vendo o processo de inovação como uma síntese cumulativa de itens originalmente independentes. Nesse sentido, Belt e Rip viram o desenvolvimento tecnológico como um processo de trabalho em rede.

O que há de novo no ponto de vista de Belt e Rip a respeito do modelo de Nelson e Winter pode ser observado quando comentam que a ocorrência de um paradigma tecnológico pode ser caracterizada pelo agrupamento de uma heurística de sucesso em torno de uma novidade exemplar. O surgimento desta é uma condição necessária, mas não suficiente, para o desenvolvimento tecnológico normal ocorrer ao longo de uma trajetória (*apud* Ruivo[111]).

Além disso, devem existir expectativas acerca do sucesso do trabalho contínuo no interior desse grupo de expectativas heurísticas que devem estar embutidas na subcultura dos técnicos e demais envolvidos no desenvolvimento. A combinação de uma novidade exemplar e de uma matriz de cultura forma um paradigma tecnológico; as articulações seguintes com o paradigma, influenciado por ambientes específicos, levam a uma trajetória tecnológica (*apud* Ruivo[111]). Essa visão de Belt e Rip é também uma novidade devido à idéia de matriz de cultura das expectativas vista como um fator estratégico na emergência de um novo paradigma.[111]

É importante enfatizar o papel dos recursos humanos no modelo de Belt e Rip. Alguns modelos chamam a atenção para o papel dos diferentes atores no processo de inovação. Schumpeter focalizou sua atenção sobre o papel dos empreendedores. Essa é uma idéia importante para compreender, por exemplo, o novo papel dos cientistas que têm espírito empreendedor.

Mais recentemente, na nova e emergente sociologia da tecnologia, apareceu um novo modelo de mudança tecnológica, ilustrado pelo estudo da física solar e pelo estudo do desenvolvimento da bicicleta, o modelo multidirecional de Pinch e Bijker (*apud* Ruivo[111]). Esse modelo de construção social incorpora o papel de relevantes grupos sociais no processo de seleção das tecnologias. O conceito de relevante grupo social é usado para representar instituições e organizações (como as militares ou alguma empresa industrial específica), assim como grupos de indivíduos organizados ou não.

Pinch e Bijker (*apud* Ruivo[111]) utilizaram mais dois conceitos: da flexibilidade interpretativa e dos mecanismos de estreitamento. Flexibilidade interpretativa significa que existe mais de uma interpretação para um produto. Mecanismo de estreitamento está relacionado ao meio sociocultural mais vasto.

O papel dos grupos sociais está ilustrado no caso do desenvolvimento da bicicleta, pelas exigências técnicas conflituosas, como a exigência de velocidade para os homens e de segurança para as mulheres.

Pinch e Bijker salientaram que além dos imperativos tecnológicos existem também os judiciais, ou até morais (por exemplo, alterando comportamentos e atitudes no sentido da mulher começar a usar calças para andar de bicicleta). Como esses autores têm salientado, obviamente a situação política e sociocultural de um grupo social molda as suas normas e os seus valores, os quais, por sua vez, influenciam o significado dado a um produto. A flexibilidade interpretativa dos produtos tecnológicos e os diferentes mecanismos de estreitamento desempenham um papel na estabilização das tecnologias no modelo.

Tanto o modelo de Nelson e Winter, com uma visão sobre o papel de clientes e reguladores, quanto o modelo multidirecional de Pinch e Bijker, acerca do papel dos grupos sociais organizados e não-organizados, apóiam a idéia de que é necessária a participação de diversos atores na formulação da política científica e tecnológica.

Na opinião de Ruivo, a versão de "procura pelo mercado/ empurrado pela ciência" (*demand-pull/science-push*) para o modelo linear está principalmente relacionada ao estudo da economia da inovação, ao modelo interativo (*interactive model*) para a sociologia da ciência e ao modelo multidirecional (*multi-directional model*) de Pinch e Bijker para diversas disciplinas, incluindo a recente sociologia da tecnologia.[110]

Vergragt (*apud* Ruivo[111]) introduziu um novo modelo, o qual tentava melhorar as duas formas de estudar a moldagem de novas tecnologias, ou seja, analisar tanto o controle público das tecnologias pelos governos quanto a moldagem social dessas novas tecnologias. Seu estudo investigou os processos políticos e sociais que moldam o estágio da inovação industrial dentro do laboratório de pesquisa industrial.

Ele tentou conjugar os dois contextos: aquele em que operam os cientistas e aquele em que operam os atores políticos, incluindo os atores econômicos e os tomadores de decisão. Baseou-se na idéia de negociação em ciência e analisou o processo de pesquisa como um processo negociado. Definiu o seu modelo como uma combinação entre modelo de negociação, concentrando-se, sobretudo, nos atores e na história dos projetos de pesquisa, ilustrando escolhas e decisões tomadas.

Nelson (*apud* Ruivo[110]), em artigos posteriores, voltou a abordar a questão de quem tem o direito de apropriar-se do conhecimento e controlá-lo, dentro da visão de um processo evolucionário, relacionado à propriedade do conhecimento. Do seu ponto de vista, o processo de avanços técnicos é explicado por uma combinação única de conhecimento público (universal, aberto) e privado (específico, particular). Para esse autor, a posse privada, por um certo tempo, de conhecimento tecnológico pelas empresas, naqueles laboratórios nos quais é produzido, e a competição induzida entre empresas desempenham um papel importante (*apud* Ruivo[110]).

Voltando ao modelo de Nelson-Winter-Dosi e às suas variantes nos modelos de Belt e Rip e de Pinch e Bijker, deve-se notar como diferentes atores estão implicados no processo de seleção de tecnologias.

Ziman (*apud* Ruivo[111]) propôs, em relação à parte da inovação que advém de pesquisa e desenvolvimento, um novo modelo – o da rede neural (*neural net model*) –, que combina redes sociais, redes cognitivas e mercado. O modelo de Ziman enfatiza os processos do trabalho em rede. É interessante lembrar que esses processos são estimulados no estado estável (*steady state*) da pesquisa.

A evolução dos modelos de mudança tecnológica clarifica a aparência dos diferentes tipos de instituição para a exploração dos resultados da pesquisa e para a inovação. Os focos sobre serviços técnicos e científicos como os desempenhados por instituições que promovem a interação estão claramente relacionados com o modelo linear. Já as novas instituições de pesquisa em colaboração, incluindo diversos atores como os agentes econômicos e pesquisadores, estão relacionadas com modelos mais complexos.

As interpretações tradicionais sobre a tecnologia sugerem, de modo linear, que o fortalecimento da pesquisa básica induz à inovação. Sob esse ponto de vista, o problema reduz-se a uma situação de transferência de conhecimento (*knowledge transfer*) ou de tecnologia (*technology transfer*), que requer apenas algumas ferramentas de gestão. No entanto, nessa interpretação há pelo menos dois problemas, que no caso de países como o Brasil, com economias em desenvolvimento, são cruciais.

Por um lado, essa interpretação está centrada em favorecer a oferta tecnocientífica, negligenciando o fator da procura pelo mercado, ou seja, não leva em consideração o fato de que a característica principal da inovação é a sua incorporação ao mercado e não a sua origem. Em conseqüência disso, negligencia-se o fato de que a inovação nem sempre provém de descobrimentos científicos e, além disso, nem todas as atividades inovadoras, incluindo a pesquisa científica, conduzem a inovações concretas.[48]

Por outro lado, alguns trabalhos sobre esses temas[10;53] têm mostrado que, crescentemente, a competitividade das organizações depende menos das descobertas realizadas pelas pesquisas fundamentais e mais da capacidade de combinar diversos tipos de tecnologias com eficientes processos de manufatura e produtos de alta qualidade.

Nesse sentido, diferentes modelos de mudança tecnológica têm sido estudados. Esses modelos dependem tanto da visão de desenvolvimento e de progresso da inovação tecnológica quanto dos diferentes períodos históricos. Sua adoção depende do nível de desenvolvimento da indústria, das habilidades e práticas tecnológicas e, por último, da ciência em si.

Após a análise dos estudos de Barnes, Edge, Langrish, Price, Gibbons, Johnston, Rosenberg, Nelson, Winter, Dosi, Belt, Rip, Pinch, Bijker e Ziman quanto à interação entre a ciência e a tecnologia e os modelos de mudança tecnológica, é possível propor uma estrutura representativa desses diversos modelos, a qual é apresentada na Figura 3.2.

gestão da **INOVAÇÃO TECNOLÓGICA**

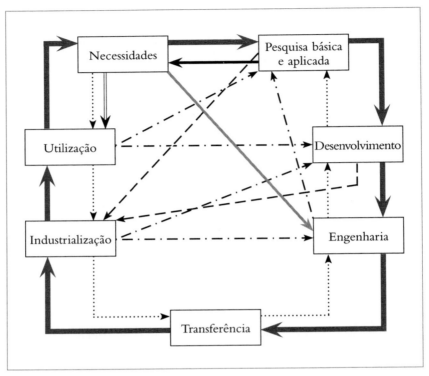

➡️ Seqüência mais comum (típica)
······▶ Realimentações curtas
·—·▶ Realimentações longas
——▶ Atalhos atípicos
➡️ Uso de tecnologia já disponibilizada
➡️ Mudança de comportamento
⇒ Uso diferente para uma tecnologia

Figura 3.2
Os diversos modelos de mudança tecnológica.

Questões para debate em grupo

1) Se tivéssemos somente o modelo linear de mudança tecnológica, qual das categorias seria a mais adequada para ser incentivada pelo governo brasileiro: *science-push* ou *market-pull*? Aqui, sugere-se ao condutor do debate que separe os debatedores em dois grupos – pró-*science-push* e pró-*market-pull*.

2) Exemplificar casos reais que explicitem a necessidade de se repensar o modelo linear de mudanças tecnológicas, incorporando interações e realimentações entre as diversas fases até a obtenção da inovação tecnológica.

3) A interação entre a ciência e a tecnologia foi referida por Price, em 1973. De que modo o surgimento do transistor, estudado por Gibbons e Johnston, veio comprovar essa interação?

4) Grandes projetos como HINDSIGHT, TRACES e SAPPHO foram realizados para estudar os modelos de mudanças tecnológicas. Entretanto, esses estudos já foram realizados há algum tempo. É possível que já se tenha chegado ao modelo efetivamente representativo de tais mudanças?

5) Aqui, sugere-se ao condutor do debate separar os debatedores em grupos e dar a cada um a incumbência de apresentar e defender um dos modelos estudados.

4
AS ESTRATÉGIAS DE INOVAÇÃO DAS EMPRESAS E AS FORMAS DE ACESSO À TECNOLOGIA

CONSTRUÇÃO DE CAPACIDADES TECNOLÓGICAS

Se for verdadeiro o conceito de que a inovação tecnológica é a introdução no mercado, com êxito, de novos produtos ou tecnologias no processo de produção ou nas próprias organizações, assim como a subseqüente difusão destes na sociedade, então as inovações implicam uma série de atividades científicas, tecnológicas, organizacionais, financeiras e comerciais. Dessa perspectiva, a inovação tecnológica é, principalmente, um fenômeno que tem início e se concretiza pela ação de agentes econômicos – as empresas.[48]

A capacidade tecnológica de uma organização pode ser definida pelo seu grau de domínio e de experiência no processo de inovação tecnológica. Pode, ainda, ser diferenciada por níveis de progresso que são de natureza cumulativa.[63,p.22]

O primeiro nível inclui as empresas capazes apenas de identificar, selecionar e comprar tecnologia materializada. O segundo compreende as empresas que podem modificar e adaptar tecnologia, utilizando, para isso, tecnologia documentada aliada a alguns conhecimentos próprios e a apoio externo. O terceiro abrange o grupo de empresas que conseguem introduzir novos produtos, processos e/ou serviços com uma forte componente de tecnologia imaterial.

O processo de construção de capacidades tecnológicas começa pelas etapas do processo produtivo, em que os níveis de intensidade de tecnologia imaterial são menores e prossegue para as etapas nas quais os componentes baseados em conhecimento intangível são maiores.[63,p.22] No entanto, em setores de elevada intensidade tecnológica, como é o caso das tecnologias de informação e eletrônica ou da biotecnologia, nem sempre essa seqüência se verifica. Embora a aquisição de tecnologia materializada na forma de ferramentas de apoio ao desenvolvimento de novos produtos seja essencial, é a obtenção de capacidades tecnológicas imateriais que muitas vezes constitui o primeiro passo no processo dinâmico de criação de capacidades tecnológicas.[63,p.22]

A aquisição de tecnologia materializada, por meio da aquisição ou licença de patentes – acesso a manuais de procedimentos, típicos da tecnologia documentada –, é extremamente limitada se considerada como base para a construção de capacidades tecnológicas próprias. A construção dessas capacidades requer, necessariamente, um forte componente imaterial, o que implica esforço de formação e assimilação por parte da empresa receptora. Apesar de, em alguns casos, esse esforço de formação receber o apoio de entidades externas especializadas, o papel principal na construção dessas capacidades cabe à empresa que pretende adquiri-las.[63,p.23]

Os recursos humanos são fundamentais no processo de acumulação de conhecimentos e construção de capacidades tecnológicas da empresa. O conhecimento adquirido pelos recursos humanos da empresa sobre determinadas áreas tecnológicas, sobre procedimentos organizacionais e sobre o mercado talvez seja a mais importante fonte de inovação e competitividade empresarial. Por esse motivo, a contratação de pessoal adequado e a formação profissional estão entre as principais fontes de vantagem competitiva.[63,p.23]

Outra fonte de inovação e competitividade a ser considerada reside na capacidade das empresas para interpretar as necessidades de mercado e identificar as previsíveis mutações de preferência do utilizador.[63,p.24]

O conhecimento científico também configura uma fonte de inovação importante. Por isso, a interação das empresas com universidades, centros de pesquisa e outras entidades constitui um meio essencial para transformar o conhecimento teórico latente nesses ambientes em aplicações práticas nas empresas.[63,p.24]

A interação com os fornecedores é mais uma valiosa fonte de inovação. Nos setores ditos tradicionais, um dos principais fatores de inovação para pequenas e médias empresas (PMEs) é o fornecimento de bens de equipamentos e sistemas a serem usados nos processos.[83]

Além destas, outra fonte de inovação é a própria atitude ou predisposição da empresa para a inovação, isto é, para a constante atualização do seu conjunto de conhecimentos.[63,p.24] A inovação, inserida como estratégia da empresa, assumida como cultura empresarial e como estilo de gestão de topo, com as conseqüentes alterações na forma e nos modos organizacionais da empresa, demonstra essa predisposição.

Esta predisposição da empresa é, em grande parte, influenciada pelo mercado e pelo clima concorrencial em que a empresa se insere.[30]

Ao introduzirem inovações no mercado, as empresas não alteram apenas as suas posições relativas nele, mas alteram, fundamentalmente, o próprio mercado. As decisões das empresas de introduzir inovações estão associadas às estratégias alternativas, mais ou menos ativas ou simplesmente reativas, que dependem de um conjunto de fatores, tais como: "os recursos à sua disposição, sua história, a atitude de seus dirigentes ou a sua boa ou má estrela".[39]

Uma inovação é sempre uma quebra de paradigma na empresa que a introduz e, como tal, é um processo de tentativas e buscas. Está sempre presente a possibilidade do fracasso, que pode advir de avaliações incorretas quanto aos resultados das novas trajetórias do mercado.

Mesmo assumindo conscientemente riscos ao introduzir a inovação, as empresas o fazem com a expectativa de obter vantagem competitiva em relação às demais, na forma de lucros diferenciados. Esses lucros devem ser suficientes para compensar os enormes riscos assumidos ao decidir inovar, assim como os pesados investimentos que foram requeridos.[55]

A partir dos casos de êxitos e fracassos, podem-se inferir alguns perfis prováveis das empresas inovadoras, conforme sua maior propensão a incorrer em situações de grande risco. Entre essas categorias de empresas, destacam-se:[39]

- pequenas empresas inovadoras dispostas a fazer apostas radicais, em situações nas quais a sua sobrevivência é ameaçada;
- grandes empresas inovadoras com flexibilidade organizacional para tomar decisões relativas aos seus projetos;

- grandes empresas inovadoras que mantêm um enfoque de carteira na gestão, combinando projetos rotineiros (ou medíocres) com outros muito incertos, mas com possibilidades de grandes retornos financeiros;
- empresas inovadoras patrocinadas pelo Estado, com maiores garantias de êxito em razão da segurança de não assumirem isoladamente os riscos associados.

Alguns autores consideram as PMEs mais inovadoras que as grandes. A teoria é que as grandes empresas, em geral, reúnem melhores condições para a introdução das inovações, porém, muitas vezes podem agir de forma a inibi-las. Com o interesse de evitar uma quebra de paradigmas, ou de assegurar determinada estrutura de mercado que lhe seja vantajosa, essas grandes empresas podem mesmo adquirir a idéia pioneira, para evitar que ela se desenvolva. As pequenas empresas, por sua vez, inovam mais, seja porque têm menos a perder (ou mais a ganhar) com as mudanças das estruturas, ou porque têm custos mais baixos e maior flexibilidade, ou, ainda, porque acumulam algum tipo de capacidade tecnológica própria.[83]

No entanto, as evidências não apontam que as pequenas empresas tenham maior eficiência do que as grandes.[55] Aparentemente, as pequenas empresas predominam nas etapas iniciais do processo de inovação, quando são grandes os riscos a serem assumidos.

Estratégias tecnológicas

O estudo da estratégia tecnológica da empresa é reconhecidamente relevante para o sucesso nos negócios. Na economia global extremamente competitiva dos dias de hoje, a fatia de mercado é determinada por seis variáveis críticas: produtividade, qualidade, preço, flexibilidade, tempo apropriado e marketing. A tecnologia é a principal impulsionadora das primeiras quatro, e torna-se cada vez mais importante para o tempo apropriado e para o marketing.[120]

A necessidade de a empresa desenvolver uma estratégia tecnológica eficiente é essencial. Entretanto, não existem fórmulas gerais prontas para isso e, na prática, poucas empresas chegam a desenvolver tal estratégia.[39]

As estratégias das empresas, em termos de inovação, não se definem de forma isolada, dependendo fortemente dos elementos que configuram as estruturas de mercado e os padrões de concorrência, além dos fatores de alcance mais amplo, como os relativos ao ambiente nacional e às políticas públicas etc. A mais conhecida das tentativas de sistematização das estratégias das empresas é a de Christopher Freeman, apresentada em seu livro *Economics of industrial innovation* (*Economia da inovação industrial*). Para Freeman, há basicamente seis tipos distintos de estratégias, que revelam escolhas muito diferentes entre si, a partir de objetivos mais ou menos arrojados, que definem certos padrões de comportamento em relação às atividades de inovação. Essas estratégias e algumas de suas características são apresentadas a seguir.[39]

Estratégia Ofensiva

1. Usada por um número muito pequeno de empresas.
2. A empresa procura uma posição de liderança técnica e de mercado e tem a iniciativa de inovar e de disputar com as suas concorrentes.
3. O departamento de P&D da empresa tem uma importância fundamental, mesmo quando recorre a outras fontes téc-

nicas e científicas, porque as informações necessárias nunca estão plenamente disponíveis.
4. As empresas de pequeno porte estão entre as que mais apresentam essa característica de inovação ofensiva. É possível que essa presença marcante das pequenas empresas tenha relação com a resistência e a incapacidade das grandes empresas de adotarem estratégias ofensivas.
5. Em um ambiente de estratégia ofensiva a empresa tem vantagens e mais facilidades para desenvolver pesquisa fundamental orientada, embora isso não represente uma regra geral.
6. A empresa tende a contratar técnicos muito bem qualificados e até cientistas.
7. A empresa dá muito valor ao sistema de patentes.
8. A empresa não usa essa estratégia continuamente.

Estratégia Defensiva

1. É um tipo de estratégia bastante identificada com mercados em que predominam oligopólios.
2. As empresas normalmente não estão relacionadas aos tipos mais originais de inovação. A estratégia da empresa prende-se mais ao fato de aproveitar-se de eventuais erros dos pioneiros, bem como o desejo de não ficar defasada em termos de mudanças técnicas.
3. Essas empresas também realizam atividades de pesquisa e desenvolvimento (P&D), no entanto, diferem das de estratégia ofensiva quanto à natureza e ao ritmo da introdução das inovações.
4. As atividades de P&D realizadas por essas empresas levam-nas a reunir capacidades de resposta e de adaptação às inovações introduzidas pelas concorrentes.

5. As empresas procuram a diferenciação de seus produtos, incorporando avanços técnicos, porém a custos inferiores.
6. As empresas utilizam as patentes como meio para enfraquecer a posição e a liderança técnica dos pioneiros.
7. As empresas desse tipo também contratam recursos humanos de elevada qualidade técnica e científica.

Estratégia Imitadora

1. As empresas enquadradas nessa característica não disputam posições com os líderes, limitando-se a acompanhá-los à distância. Em alguns casos, aspiram a converterem-se em inovadores defensivos.
2. A procura pelo mercado pode provocar mudanças substanciais no seu produto.
3. Essas empresas adquirem patentes secundárias como subproduto de suas atividades. De modo geral, possuem forte capacidade de engenharia e de desenho de produção.
4. Normalmente, essas empresas apóiam-se em custos mais baixos de produção ou em vantagens organizacionais.
5. A informação consiste num item fundamental para a decisão do que imitar e das fontes de aquisição de *know-how.*

Estratégia Dependente

1. As empresas que adotam essa estratégia são, geralmente, subcontratadas que respondem às flutuações que afetam as empresas de maior porte.
2. As empresas são basicamente rotineiras e conservadoras.

Estratégia Tradicional

1. Diferencia-se da estratégia dependente apenas pela natureza do seu produto.
2. Nem o mercado, nem a concorrência levam-nas a mudar o seu produto.

Estratégia Oportunista

1. Enquadram-se nesse tipo as empresas que sobrevivem em espaços de mercado muito específicos e particulares, aos quais aderem completamente.
2. O Quadro 4.1 apresenta a avaliação de Freeman das diversas funções científicas e tecnológicas dentro da empresa em função do tipo de estratégia adotada.[39]

FORMAS DE ACESSO À TECNOLOGIA

Deve-se considerar o grau de apropriação e o nível de exclusividade que se desejam. As seguintes formas de acesso às tecnologias, em um ambiente concreto, conjugam-se entre si, com a hegemonia de uma ou de outra dessas formas:[102]

Compra

Pode ser compra por catálogo, por especificação de produto ou processo e, por fim, de equipamentos industriais. A compra *gestão da* **INOVAÇÃO TECNOLÓGICA**

Quadro 4.1
FUNÇÕES CIENTÍFICAS E TECNOLÓGICAS DENTRO DA EMPRESA

FUNÇÕES CIENTÍFICAS E TECNOLÓGICAS	OFENSIVA	DEFENSIVA	IMITADORA
Pesquisa fundamental	4	2	1
Pesquisa aplicada	5	3	2
Desenvolvimento experimental	5	5	3
Engenharia de desenho	5	5	4
Patentes	5	4	2
Serviços técnicos	5	3	2
Engenharia, produção, controle e qualidade	4	4	5
Informação científica e tecnológica	4	5	5
Educação e formação	5	4	3
Planejamento a longo prazo	5	4	3

FUNÇÕES CIENTÍFICAS E TECNOLÓGICAS	DEPENDENTE	TRADICIONAL	OPORTUNISTA
Pesquisa fundamental	1	1	1
Pesquisa aplicada	1	1	1
Desenvolvimento experimental	2	1	1
Engenharia de desenho	3	1	1
Patentes	1	1	1
Serviços técnicos	1	1	1
Engenharia, produção, controle e qualidade	5	5	1
Informação científica e tecnológica	3	1	5
Educação e formação	3	1	1
Planejamento a longo prazo	2	1	5

1: função débil ou inexistente; 2: função presente, mas com ênfase baixa; 3: função presente com ênfase mediana; 4: função presente e com ênfase forte; 5: função muito forte. O significado dos níveis 2, 3 e 4 não aparecem na fonte original e foram incluídos pelo autor.

Fonte: adaptado de Freeman.[39]

de bens e/ou serviços resulta em um procedimento no qual um grande número de países periféricos tem acesso a meios para modernizar suas estruturas produtivas. As principais características dessa forma de acesso à inovação são:

- a possibilidade de diminuir o *gap* tecnológico que existe em relação à base produtiva das nações mais desenvolvidas;
- a dissociação da base tecnocientífica, porventura existente, dos processos fundamentais existentes no ambiente produtivo;
- a criação de relações de dependência aos agentes de outra formação social.

Importação explícita de tecnologia

Constitui uma forma de compra muito diferente da anterior e caracteriza-se por:

- possuir um estágio de desenvolvimento relativamente maior da base produtiva;
- possuir formas mais desenvolvidas de relacionamento com o capital estrangeiro detentor das inovações (formação de *joint ventures*, por exemplo);
- existir uma capacidade tecnocientífica capaz de prover serviços tecnológicos e recursos humanos aptos a desenvolver desdobramentos nos pacotes tecnológicos importados;
- permitir que a fronteira tecnológica seja compartilhada.

Vigilância tecnológica

É o processo de apropriar-se de tecnologias possuídas por empresas líderes ou não-líderes, que têm o desempenho que se deseja igualar.

Para que a vigilância tecnológica gere bons resultados, deve-se selecionar as fontes de informação de qualidade, agregar valor às informações recolhidas e buscar meios que assegurem a memória da informação.

Uma grande vantagem da vigilância tecnológica é o custo relativamente baixo, se comparada a outros métodos de acesso às novas tecnologias. Se não ocorrer agregação de valor à informação obtida, ter-se-á a maior desvantagem do método, que é exatamente o fato de vigiar tecnologias já existentes, já conhecidas, e também, obviamente, não haverá exclusividade sobre a tecnologia.

Um caso particular de vigilância tecnológica é o *benchmarking*, em que a vigilância ocorre especificamente em cima do líder de mercado. Por meio de um processo contínuo de medidas e comparações, procura-se obter informações que possam ajudar a melhorar o nível de desempenho de quem vigia.

Cópia

A aplicação dessa modalidade, que advém da vigilância tecnológica, ocorre por meio de adaptações criativas, em que a melhoria tecnológica é o fator intrínseco preponderante. Por definição, se é uma cópia melhorada de um produto, nunca ocorrerá uma verdadeira ruptura tecnológica, como um novo e revolucionário produto pode gerar.

Para que a cópia seja bem-sucedida, é necessário, entre outros fatores, ter um *timing* excelente, para saber o momento de entrada no mercado. A empresa copiadora, por um lado, já está atrasada e, por outro, não deve entrar no mercado se o produto que pretende copiar estiver na fase de declínio no ciclo de vida.

Um aspecto importante, que deve ser trabalhado, diz respeito a fatores psicológicos envolvendo a negação de pesquisadores para realizar o processo de cópia.

Existem outros fatores limitadores do emprego dessa modalidade. É facilmente aplicável a pequenos e médios produtos; mas é extremamente difícil copiar processos. Casos de sucesso como McDonald's e Disneyworld não são necessariamente repetidos em empreendimentos semelhantes.

Ao aderir a esse processo de aceder à tecnologia, a empresa deve atentar ao fato de agregar valor ao produto copiado, para que ele tenha sucesso. O grau de apropriação da tecnologia que se obtém é muito variável.

Ser uma empresa subcontratada

Esse processo consiste em obter tecnologia a partir da fabricação para outra empresa. A empresa contratante geralmente fornece as especificações, os desenhos, os esquemas, as instruções de uso, os testes, os ensaios e, por vezes, assume o custo direto da produção. Desse modo, a subcontratada terá a seu dispor uma gama de informações, aparelhagens e *know-how* que se constituem em uma das tecnologias da contratante.

É interessante notar que a representação comercial (um tipo de subcontratação) acaba sendo um importante fator de absorção de tecnologia do representado.

Pesquisa cooperativa

Em alguns casos de pesquisa dos fundamentos de determinada tecnologia, a pesquisa em colaboração entre empresas pode ocorrer com benefícios para as empresas participantes. Nesse caso, podem ser montadas equipes de pesquisadores que terão as vantagens de compartilhar conhecimentos e de partilhar custos.

A exclusividade da tecnologia adquirida evidentemente é compartilhada, e o nível de apropriação, no caso de pesquisa com pesquisadores próprios, é bastante elevado.

Formação de pessoal próprio

Trata-se de fomentar, continuamente, no âmbito da própria empresa, treinamentos, aperfeiçoamentos e a aquisição de mais conhecimentos.

No futuro, será necessário investir mais na formação das pessoas do que na compra de equipamentos, pois o maior sucesso de uma empresa está rigorosamente associado ao desempenho de seus membros, em todos os momentos, quando agem ou tomam decisões.

Essa modalidade de acesso necessita de sinergia entre as expectativas da empresa e as expectativas pessoais do funcionário. A formação pode ser feita internamente, utilizando especialistas da própria empresa, na difusão de tecnologias dominadas para os demais funcionários. Também pode ser feita por especialistas externos, que poderão repassar tecnologias difundidas no exterior da empresa e, finalmente, pode ser feita com o patrocínio de cursos ou seminários, realizados fora da empresa, a algumas pessoas.

A principal vantagem de treinar pessoal próprio está no grau de satisfação e de motivação que geralmente o treinando tem ao realizar a formação (daí a necessidade da sinergia das expectativas, citada anteriormente).

Ademais, recomenda-se que o exemplo de busca de conhecimentos, por meio de formação, venha da gestão mais alta da empresa. Assim, existirá toda uma organização em constante formação, podendo-se dizer que é a empresa que aprende (*learning organization*) quando seus funcionários adquirem novos conhecimentos.[42]

O grau de apropriação da tecnologia que se absorve é muito bom e o processo não é demasiado dispendioso. Como desvantagens, pode-se citar, no caso da formação externa ou quando feita por especialistas externos, a natural falta de exclusividade na tecnologia absorvida, bem como o fato de só se ter acesso a tecnologias relativamente antigas. Para minimizar esta última desvantagem, é interessante que os processos de formação do pessoal da própria empresa sejam o primeiro passo para a formação futura de grupos de P&D próprios.

Licenciamento

Trata-se da concessão de uma licença para explorar uma determinada tecnologia. É um processo que ocorre com freqüência ao final de trabalhos de pesquisa em universidades ou em centros de P&D. Pode ocorrer também quando, por exemplo, a tecnologia é gerada em uma empresa "A" que não tem interesse em industrializar o produto gerado, repassando-o a uma empresa "B". De ambos os modos, são tecnologias que propiciam patentes àqueles que as desenvolveram.

O licenciamento traz benefícios tanto para o licenciador quanto para o licenciado. Pelo lado do licenciador, possibilita uma expansão rápida da tecnologia desenvolvida, principalmente se não foi concedida exclusividade ao licenciado e, conseqüentemente, maior possibilidade de lucros em menor tempo. Às vezes, esse fator sobrepõe-se à eventual perda do monopólio e de uma vantagem competitiva por mais tempo. Pelo lado de quem adquire a licença de exploração, a maior vantagem reside no fato de não ter precisado investir muito capital em P&D; além disso, ao fazer a aquisição, estará imediatamente colocando-se a par das mais modernas tecnologias na área em que adquire.

Um tipo particular de licenciamento, comum nos dias de hoje, é o *franchising*. Essa modalidade continua em franca expansão.

Pesquisa por encomenda (por contrato)

Trata-se de terceirizar o trabalho de pesquisa e desenvolvimento. A procura por institutos privados ou públicos de pesquisa e, principalmente, por universidades é um processo irreversível e que aumenta constantemente. As universidades, por seu lado, têm procurado cada vez mais temas de pesquisa financiados pela indústria.

Pode-se dizer que encomendar pesquisas tecnológicas às universidades é um dos melhores caminhos para a empresa que está à procura de verdadeiras rupturas de tecnologias, podendo surgir daí, verdadeiras inovações. A busca incessante de conhecimentos, tendência natural de ambientes universitários, é o propulsor maior de invenções e de quebra de paradigmas.

Como essa modalidade é tratada com mais detalhes no próximo capítulo, os comentários sobre as vantagens e desvantagens de realizar pesquisa por contrato são apresentados mais à frente.

Contratação de especialistas

Cerca de metade a dois terços do conjunto de conhecimentos é formada por conhecimentos não-formalizados (tácitos ou implícitos).[102] Muitas vezes, esses conhecimentos são fundamentais ao domínio de uma tecnologia. Nesses casos, uma interessante modalidade de aceder a essas tecnologias é por intermédio da contratação de um especialista na área específica.

Com relação a conhecimentos tácitos, a maioria das empresas possui, mesmo que às vezes não o saiba, um *gatekeeper*, que é a pessoa que busca, analisa e distribui informações para os demais membros. Por razões óbvias, o *gatekeeper* possui uma quantidade muito grande de conhecimentos informais.

O rápido acesso ao aspecto tácito do conhecimento é a principal vantagem desse tipo de transferência de tecnologia. A desvantagem, em muitos casos, é o custo elevado da contratação.

Associações e alianças estratégicas

Diversas são as formas de associações entre empresas, com vários graus de domínio de tecnologias compartilhadas e diferentes níveis de exclusividade. A primeira forma de associação é a sociedade, pura e simples, para favorecer a atividade de cada uma delas. Por exemplo, duas ou mais empresas decidem utilizar a estrutura comum de distribuição de produtos. Essa forma traz pouco ou nada de domínio tecnológico sobre o produto ou processo produzido pela outra empresa.

Outra forma de associação, a *joint venture*, é particularmente indicada quando os custos de desenvolvimento de um produto ou processo são elevadíssimos, ou quando os conhecimentos envolvidos para a realização da pesquisa são completamente diferentes. Nesse caso, busca-se a complementaridade de conhecimentos.

A exclusividade na nova tecnologia será partilhada e o domínio tecnológico que se obtém é melhor do que se teria individualmente, pelo menos no mesmo período de tempo.

Também como forma de aceder a tecnologias desenvolvidas por outros, mas fundamentalmente com o objetivo de conquistar grandes mercados, ou ao menos de facilitar tais conquistas a médio e longo prazos, surgem as alianças estratégicas entre empresas. Como ajuda mútua, estas alianças configuram, nesta época de globalização da economia, vantagens inegáveis para as empresas que a constituem. Dependendo da força da aliança, obtêm-se bons níveis de apropriação de tecnologias e bons níveis de exclusividade, embora compartilhadas.

Pesquisa e Desenvolvimento

É a criação própria de inovações. Suas principais características são:

- grandes investimentos em atividades de pesquisa e desenvolvimento (P&D);
- possibilidade de obtenção de efetivo poder de mercado em escala internacional;
- trabalho com elevados riscos e incertezas, típicos de inovações radicais;
- existência de vínculos fortes entre a base tecnocientífica e a base produtiva.

A pesquisa feita internamente na empresa constitui o mais alto grau possível de domínio de uma nova tecnologia, se for obtida. Quando um grupo de pesquisadores de dentro da empresa consegue criar um novo produto ou processo a partir de pesquisas próprias, ter-se-á o nível máximo de apropriação e o nível máximo de exclusividade na tecnologia desenvolvida.

Como a empresa detém a tecnologia, poderá decidir se a explora ou se a vende, ou seja, de que modo ela pode usufruir melhor da vantagem competitiva conseguida ao dominar essa tecnologia.

Vale ressaltar, por fim, que os custos de acesso a novas tecnologias utilizando P&D são elevados e, na maior parte dos casos, os resultados não são imediatos.

QUESTÕES PARA DEBATE EM GRUPO

1) Citar exemplos de empresas que se encontram em cada um dos três níveis de capacidade tecnológica, ou seja, no primeiro (identificam, selecionam e compram tecnologia materializada), no segundo (conseguem modificar e adaptar tecnologia) e no terceiro nível (introduzem novos produtos).

2) Comentar casos reais de obtenção de inovação tecnológica a partir de cada uma das seguintes fontes: contratação de pessoal adequado; formação profissional; interpretação das necessidades de mercado e identificação das previsíveis mutações de preferência do utilizador; interação das empresas com as universidades; interação com os fornecedores; atitude ou predisposição da empresa para a inovação.

3) Citar e discutir exemplos de empresas que adotam ou adotaram a estratégia ofensiva de inovação.

4) Citar e discutir exemplos de empresas que adotam ou adotaram a estratégia defensiva de inovação.

5) Citar e discutir exemplos de empresas que adotam ou adotaram a estratégia imitadora de inovação.

6) Citar e discutir exemplos de empresas que adotam ou adotaram a estratégia dependente de inovação.

7) Citar e discutir exemplos de empresas que adotam ou adotaram a estratégia tradicional de inovação.

8) Citar e discutir exemplos de empresas que adotam ou adotaram a estratégia oportunista de inovação.

9) Exemplificar casos reais de cada uma das formas de acesso à tecnologia descritas no capítulo.

10) Graduar as formas de acesso à tecnologia a partir daquela que fornece grau mais baixo até a que fornece o grau mais alto de apropriação.

11) Graduar as formas de acesso à tecnologia, a partir daquela que fornece o mais baixo nível até a que fornece o mais alto nível de exclusividade.

5
COOPERAÇÃO UNIVERSIDADE-EMPRESA COMO INSTRUMENTO PARA A INOVAÇÃO TECNOLÓGICA

DO TRIÂNGULO DE SÁBATO À TRÍPLICE HÉLICE DE ETZKOWITZ

Quando se fala de América Latina, todo estudo acerca das relações de cooperação entre universidades, empresas e Governo possui, necessariamente, um ponto inicial de forte impacto. Esse ponto foi a publicação, em novembro de 1968, do artigo "La ciencia y la tecnología en el desarrollo futuro de América Latina", na *Revista de la Integración*, Argentina.[112] De autoria de Jorge Sábato e Natalio Botana esse artigo, apesar de já contar com mais de trinta anos, ainda é tido pelos estudiosos como pontode referência na área.

Inicialmente, Sábato e Botana apresentam argumentos a favor da tese de que os países latino-americanos devem realizar ações sérias, sustentáveis e permanentes no campo da pesquisa científica e tecnológica para a superação do subdesenvolvimento dessa região. Esses argumentos são:

- a absorção de tecnologias que todo país necessita importar é mais eficiente se o país receptor dispõe de uma sólida infra-estrutura tecnocientífica. Essa infra-estrutura somente pode criar-se, manter-se e prosperar com a ação própria da pesquisa;
- o uso inteligente dos recursos naturais, das matérias-primas, da mão-de-obra e do capital requer pesquisas específicas de cada país;
- a transformação das economias latino-americanas para satisfazer a necessidade de industrialização e de exportação de produtos manufaturados terá mais êxito quanto maior for o potencial tecnocientífico desses países;
- a ciência e a tecnologia são catalisadores da mudança social.

Com base em estudos prospectivos e com o ano 2000 como horizonte, Sábato e Botana concluem que a região pode e deve participar do desenvolvimento tecnocientífico mundial. Para essa participação ser possível, recomendam uma estratégia de inserir a ciência e a tecnologia na própria trama do processo de desenvolvimento latino-americano.

Segundo esses autores, a experiência histórica demonstra que a inserção é resultado da ação múltipla e coordenada de três elementos fundamentais para o desenvolvimento das sociedades contemporâneas: o Governo, a estrutura produtiva e a infra-estrutura tecnocientífica. Essa ação é representada na Figura 5.1, que ficou conhecida como o Triângulo de Sábato.

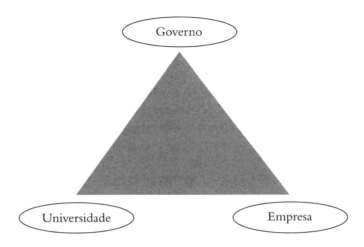

Figura 5.1
Triângulo de Sábato.

Fonte: Sábato e Botana.[112]

Cada vértice constitui um centro de convergência de múltiplas instituições, unidades de decisão e de produção, atividades etc., motivo pelo qual as relações que configuram o triângulo também têm múltiplas dimensões. Desse modo, o triângulo se definiria pelas intra-relações que se estabelecem dentro de cada vértice, pelas inter-relações que se estabelecem entre os três vértices, e pelas extra-relações que se estabelecem entre cada um dos vértices com o contorno externo do espaço no qual se situam.

Intra-relações dentro de cada vértice

As relações que se estabelecem dentro de cada vértice têm como objetivo básico capacitar as instituições a criar, incorporar e transformar necessidades em um produto final, que é a inovação tecnocientífica. Essa capacidade para criar, incorporar ou transformar necessidades é considerada uma qualidade que hipoteticamente é atribuída às instituições em cada um dos vértices e que, logicamente, terá uma conotação particular de acordo com o vértice considerado.

Inter-relações entre os três vértices

As relações que se estabelecem entre os vértices podem ser inter-relações verticais, entre o Governo e a infra-estrutura tecnocientífica, ou entre o Governo e a estrutura produtiva; ou inter-relações horizontais, entre a infra-estrutura tecnocientífica e a estrutura produtiva.

Relações com o contorno externo ou extra-relações

As sociedades não vivem isoladas. Por essa razão, cada vértice ou todo o triângulo relaciona-se com o meio exterior ou com outros triângulos estruturados. As extra-relações manifestam-se, por exemplo, no intercâmbio científico, no comércio externo de tecnologia e na adaptação de tecnologias importadas. As inter-relações horizontais são as mais difíceis de se estabelecer e ao mesmo tempo as mais interessantes de se explorar, porque evidenciam o fato de que o esforço em aprimorar as inter-relações verticais (com o Governo) é uma condição necessária, porém insuficiente, para o desenvolvimento da sociedade. Em outras palavras, não basta, por exemplo, aumentar os recursos destinados à P&D nas universidades e institutos de pesquisa sem que haja melhoria nas relações de cooperação entre os vértices da base do triângulo.

Pode-se observar, após esse comentário, que há mais de trinta anos já se tinha conhecimento da necessidade de se articular a universidade e a empresa, bem como das dificuldades dessa articulação.

O modelo geométrico, que se tornou conhecido como triângulo de Sábato, evoluiu para estudos mais complexos em anos recentes, como os estudos de Etzkowitz, Ziman e outros autores. Entretanto, alguns dos conceitos subjacentes ao modelo original permanecem na agenda da América Latina.[92]

Evolução da cooperação

Universidades e empresas, dois "atores" com missões aparentemente distintas, têm sofrido, nos últimos anos, um processo de aproximação que cresce rapidamente. Questiona-se se essa aproximação veio para ficar e reger a atuação universitária ou se é uma aproximação casuística, mais um modismo e logo a universidade retornará às suas missões históricas de ensino e pesquisa. Além disso, a universidade deve produzir conhecimentos científicos, ou ficar sujeita aos interesses de mercado? Será possível conciliar esses dois grandes objetivos? Vários autores têm se debruçado sobre tais questões dando origem a centenas de artigos nos quais, de um modo ou de outro, procuram as respostas.

Acreditamos que existem procedimentos e mecanismos adequados que a universidade deve seguir para, paulatinamente, promover a parceria, nos diversos níveis, tais como: aproximação, interação, cooperação e integração com a sociedade na qual se encontra inserida.

O relacionamento universidade-empresa sofreu (UE), a partir do século XX, uma transformação gradual e irreversível. Esse relacionamento está aumentando à medida que a inovação tecnológica assume o estatuto social de fator muito importante para o desenvolvimento econômico das sociedades capitalistas.

As empresas, movidas pelo dinamismo da competitividade internacional, promoveram profundas modificações nos métodos de gestão empresarial. Para elevar seus níveis de competitividade, elas definiram estratégias tecnológicas de modo a empreender iniciativas orientadas a melhorar o seu acesso a novos conhecimentos tecnológicos. Conhecimentos estes que lhes permitam desenvolver novos produtos, assim como inovações organizacionais que sustentem tais estratégias. Entre estas novas iniciativas empresariais, destaca-se, nos últimos trinta anos, uma aproximação gradual com as universidades, em que se busca o acesso a recursos humanos altamente qualificados e ao conhecimento atual da ciência e da tecnologia.[118]

As universidades, criadas com o objetivo quase exclusivo de gerar conhecimentos científicos e tecnológicos e de formar mão-de-obra qualificada, são hoje solicitadas a expandir o seu universo de atuação, por intermédio de maior interação com outros segmentos sociais, aumentando o seu retorno para a sociedade. Discute-se muito, contudo, se o fato de a universidade começar a prestar serviços, participando do desenvolvimento econômico, não a desviaria de suas missões fundamentais: o ensino e a pesquisa. Colocar a pesquisa científica e tecnológica como objeto comercial faz surgir questões éticas que dão origem a acaloradas discussões.

Ruegg acredita que a situação atual é passageira, porque os valores profundos da universidade ressurgirão.[109] No entanto, ninguém discorda de que patentear os resultados da pesquisa e a respectiva transferência para uma indústria funciona como uma interessante forma de complementar os recursos financeiros governamentais, cada vez mais escassos nas instituições públicas. Uma possibilidade bastante interessante é utilizar recursos provenientes de *royalties* para financiar a pesquisa básica na universidade.

Etzkowitz considera a participação da universidade no desenvolvimento econômico, incorporada como função acadêmica junto com o ensino e a pesquisa, como a segunda revolução acadêmica.[37] A primeira, ocorrida no final do século XIX, tornou a pesquisa uma função universitária, ao lado da função de ensino.

A partir de meados do século XX, a relação de cooperação já estava iniciada, e os cientistas começaram a desempenhar um papel produtivo na inovação e não apenas consultivo, ou seja, em vez de apenas auxiliar os inovadores, os cientistas começaram a ser os inovadores. A relação entre a ciência e a tecnologia tornou-se mais intensa e sistemática.[47,p.16]

O fator tecnologia passou, de modo gradual, a assumir importância estratégica no contexto industrial. A complexidade e o alcance das atividades e das pesquisas científicas necessárias para dar suporte ao desenvolvimento tecnológico receberam maior importância e, como conseqüência, os custos de realização de tais pesquisas aumentaram.

O processo de aproximação desenvolveu-se em dois estágios. Primeiramente, a empresa incluiu nas atividades a pesquisa aplicada e o desenvolvimento tecnológico; mais tarde, à medida que os custos de pesquisa e desenvolvimento aumentaram, as empresas acharam mais lucrativo delegar essas funções às universidades e outras instituições de pesquisa, com a vantagem de serem financiadas com verbas do governo e de instituições filantrópicas.[99,p.61]

Para Webster, vale a pena considerar até que ponto essa evolução no processo de relacionamento entre universidades e empresas é, em primeira análise, estratégia de sobrevivência adotada por empresas, universidades e agências do Governo durante um prolongado período de instabilidade econômica e social.[122,p.73]

A importância da tecnologia para garantir o progresso industrial e, por conseguinte, do país, tornou-se tão grande que surgiu um terceiro ator, o Governo, com o intuito de viabilizar, facilitar e garantir a manutenção das relações entre a universidade e a empresa.[113]

Com o aumento das atividades de extensão universitária é possível que as universidades tenham de assumir o papel de estruturas de natureza empresarial? E as empresas começam, elas próprias, a se preocupar com a produção de conhecimentos à semelhança das universidades? Será que está em curso uma tendência para se dissipar as fronteiras institucionais entre empresas e universidades? Essa convergência é salutar? Existiria um ponto-limite aceitável para essa convergência?

Vários autores argumentam que é aceitável aquilo que não compromete a integridade institucional da universidade.[22;77;97]

As ameaças à integridade institucional da universidade, se esta enveredar por privatizar o conhecimento explícito que produz, são nefastas pois tornam mais diminuto o verdadeiro recurso: o conhecimento tácito que o estudante obtém para usar e interpretar o conhecimento explícito. Ademais, a tradicional recompensa dos professores universitários que realizam pesquisa, ou seja, a reputação no seio da comunidade científica, a autonomia e a independência seriam diminuídas, pondo em xeque aspectos fundamentais do funcionamento das universidades.[20]

Por essa razão, duas necessidades se impõem. A primeira é a preservação da integridade institucional da universidade, razão pela qual não se deve abrandar o financiamento do Estado às universidades. A segunda envolve a capacidade de resposta da universidade às solicitações da sociedade que incluem rápidas e imprevisíveis modificações na estrutura do mercado de trabalho e a capacidade de providenciar novos conhecimentos aos seus graduados, em particular, a capacidade de aprender.[20]

A solução para estas necessidades passa pelo desenvolvimento de um sistema de ensino superior diversificado, incluindo várias instituições com diferentes vocações, de uma forma que se realize uma estratificação funcional do sistema. Enquanto algumas instituições seguiriam mais amiúde o conceito de *research universities*, outras, por vocação, poderiam trabalhar mais próximas das necessidades imediatas da sociedade.

Embora essa solução seja correta, dependendo das características da universidade e, principalmente, da microrregião onde está inserida, uma única universidade poderia desenvolver, simultaneamente, soluções para as duas necessidades.

Características do relacionamento universidade-empresa

A globalização econômica, que leva ao aumento da concorrência, fornece às empresas várias opções de acesso à tecnologia, já comentadas anteriormente, entre as quais está o desenvolvimento de capacidade própria de P&D ou o estabelecimento de parcerias com universidades e/ou institutos de pesquisa públicos ou privados para obter, a médio prazo, sua própria capacidade de P&D.[65]

O desenvolvimento de P&D própria, embora represente o mais alto grau de domínio de tecnologia, mostra-se inviável em muitos casos, em face do tempo que a empresa necessita para se aproximar dos atuais níveis de P&D das grandes empresas internacionais e multinacionais. A opção pela parceria com a universidade aparece como uma alternativa que promoveria o auxílio necessário a muitas empresas, principalmente às pequenas e médias.

A interação entre universidades e empresas, portanto, tem sido apontada como uma das maneiras de modernizar os parques industriais, principalmente em países subdesenvolvidos ou em vias de desenvolvimento, e de manter a sua atualização sustentada.

Dessa forma, entre as diversas políticas de modernização industrial, a que representa maior aproximação entre universidades e empresas tem sido fortemente considerada. No entanto, o estabelecimento de atividades UE não pode acontecer sem que ocorram transformações na organização da pesquisa universitária, uma vez que o incremento dessas atividades resulta em importantes alterações nos processos de ensino e de pesquisa, considerados missões fundamentais da universidade.

O aumento das atividades de cooperação entre universidade e empresa resultou tanto de pressões externas à universidade como de decisões dos próprios pesquisadores.[37] A atividade científica tem sofrido alterações em resposta a grandes mudanças socioeconômicas, e essa reorganização do sistema de pesquisa universitário deve-se, em parte, a diversas influências externas, principalmente o alargamento de horizontes para a exploração prática dos resultados da pesquisa. A ciência está sob enorme pressão para a valorização e a comercialização dos resultados da pesquisa e esta é uma das características do atual sistema de pesquisa.[134]

Essas novas atividades científicas estão causando alterações importantes não só nas missões fundamentais da universidade, mas também no perfil do pesquisador. Ele necessita somar às suas qualidades de professor e de pesquisador a função de gestor dos recursos necessários à pesquisa.[37] É possível que, progressivamente, o papel dos professores/pesquisadores esteja passando do modelo que Ziman chamou de CUDOS para o modelo PLACE.[134]

Ziman utiliza, por um lado, o termo CUDOS para rotular as características de um tipo de atividade científica, extremamente voltada para a academia. São as iniciais de *Communal, Universal, Disinterested, Original* e *Skeptical* (Comunitária, Universal, Desinteressada, Original e Cética). Por outro lado, Ziman utiliza a expressão PLACE para caracterizar a atividade científica voltada para um contexto prático. São as iniciais de *Proprietary, Local, Authoritarian, Commissioned* e *Expert* (Proprietária, Local, Sob ordens, Comissionada e Especialista).

O estudo do processo de cooperação UE vem sendo desenvolvido por diversos pesquisadores em todo o mundo, demonstrando que a pesquisa científica, por meio dessas parcerias, constitui, atualmente, uma tendência global. Desse modo, tem-se tornado comum a discussão acerca de questões como barreiras, facilitadores, motivações, processos de transferência de conhecimentos, resultados e outros aspectos.

A cooperação UE é um modelo de arranjo interinstitucional entre organizações de naturezas fundamentalmente distintas, que podem ter finalidades diferentes e adotar formatos bastante diversos. Incluem-se nesse conceito interações tênues e pouco comprometedoras, como a disponibilização de estágios profissionalizantes, até vínculos intensos e extensos, como os grandes programas de pesquisa cooperativa, que podem inclusive conduzir à repartição dos créditos advindos da comercialização dos seus resultados.[91] Assim, a cooperação UE pode ocorrer de diversos modos e utilizar diferentes instrumentos.

Algumas premissas influenciam fortemente as relações UE e devem ser levadas em consideração. Em geral, esses dois atores:

- possuem missões organizacionais diferentes;
- guardam certas relações de interdependência e complementaridade;
- não possuem estruturas especializadas para manter interações explícitas e formais;
- não utilizam certos benefícios de instrumentos de políticas governamentais, relacionados com a interação UE.[82]

A ausência de uma política institucional e sistemática para a interação UE leva ao estabelecimento de modalidades de aproximação de modo casual, ocasional, e sem orientações que viabilizem uma gestão efetiva desse processo. Como conseqüência, os diferentes departamentos universitários que eventualmente se interessem pela melhoria das relações com o setor empresarial, fazem-no em um âmbito de *laissez-faire*, com duplicação de esforços, desvios de recursos e pouco impacto nos desempenhos desejados.

O verdadeiro paradigma que hoje norteia as relações UE pode ser desvendado pela afirmação de Paredes de que esse paradigma tem se caracterizado, fundamentalmente, pela ausência de um "enfoque estratégico", que possua correspondência com as expectativas reais das missões e com os diferentes mecanismos de interação utilizados pelos dois atores.[82]

Devido à inexistência desse enfoque estratégico, algumas características têm marcado a pauta de interação:

- ausência de detecção de necessidades e oportunidades;
- atividades casuais;
- concepções diferentes do processo de pesquisa e desenvolvimento;
- indiferença empresarial;
- pouca integração entre os diferentes agentes da infra-estrutura tecnológica no âmbito da universidade.

Por tradição, o setor produtivo tem tido um papel secundário no contexto da cooperação UE, sem iniciativa e à espera de que algum departamento universitário ou governamental o convoque para se unir a projetos de outros.[124,p.4] Este setor deveria, ao contrário, participar desde o início na criação de projetos e, sempre que possível, na criação de mecanismos de cooperação. A atitude de passividade do setor produtivo oculta um dos inconvenientes centrais da busca da pretendida interação e do fracasso de muitos projetos, em que se investiram somas geralmente não-desprezíveis.[124,p.4]

REFERENCIAL TEÓRICO DAS RELAÇÕES UNIVERSIDADE-EMPRESA

Um dos modelos teóricos de relações entre universidade e empresa, desenvolvido por Bonaccorsi e Piccaluga, usa conceitos de duas diferentes áreas do conhecimento:[9] na área da psicossociologia, contribuições para a análise psicossociológica das inovações tecnológicas e na área da teoria da organização, o estudo da teoria interorganizacional.

A análise psicossociológica da inovação tecnológica permite investigar dois blocos de variáveis independentes:

1. As características do processo de transferência de conhecimento.
2. As motivações das empresas para entrar no processo de colaboração com a universidade.

A teoria interorganizacional, por sua vez, é utilizada com a finalidade de descrever e analisar duas dimensões das relações UE como variáveis dependentes:

1. A estrutura organizacional do relacionamento.
2. Os procedimentos de coordenação adotados.

O modelo descreve a estrutura organizacional por meio de uma taxonomia das relações UE. Essa taxonomia tem enfatizado que o relacionamento entre a estrutura organizacional e os processos de gestão das relações UE não é totalmente conhecido. Uma variedade de processos de coordenação pode ser implementada em algum arranjo de estrutura interorganizacional e pode modificar as propriedades de eficiência do arranjo em si. O modelo propõe também o conceito de performance das relações universidade-empresa e discute várias operacionalizações possíveis.

Segundo esse modelo, as motivações das empresas para entrar no processo de relações com a universidade têm um impacto direto sobre suas expectativas no que se refere à criação, à transferência e à difusão do conhecimento. Da mesma forma, os autores argumentam que a performance do relacionamento depende da combinação entre as características do processo de transferência do conhecimento, dos procedimentos de coordenação adotados e da estrutura, em si, do relacionamento.[9] Portanto, o resultado do relacionamento é definido como derivado de uma comparação entre as expectativas e a performance real em termos de criação, transferência e difusão de conhecimento.

O modelo, mostrado na Figura 5.2, propõe ainda um efeito independente como resultado do relacionamento, devido ao aparecimento de novos objetivos.[9]

A dimensão psicossociológica do relacionamento universidade-empresa

O processo de transferência do conhecimento no que se refere à dimensão psicossociológica do relacionamento UE já foi abordado no Capítulo 1. Trataremos, agora, das motivações para este relacionamento ocorrer.

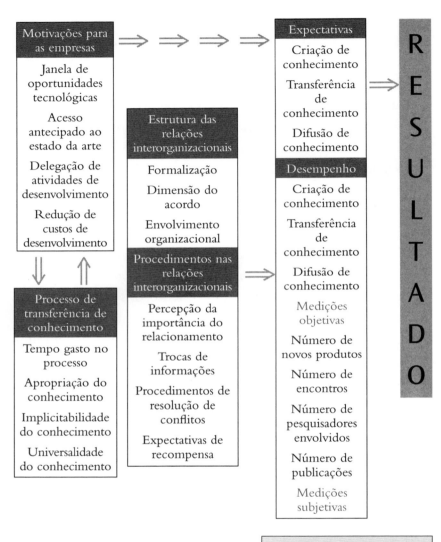

Figura 5.2
Estrutura teórica para estudo das relações universidade-empresa (UE).

Fonte: Bonaccorsi e Piccaluga.[9]

Motivações para as empresas se relacionarem com as universidades

A análise psicossociológica da inovação tecnológica dá uma importante idéia das motivações que levam as empresas privadas a inter-relacionarem-se com as universidades e com os institutos públicos de pesquisa. Era de se esperar que uma divisão de esforços emergiria entre a atividade de pesquisa aplicada, por vezes utilizada pelas empresas privadas, e a atividade de pesquisa fundamental pura, desenvolvida por organizações públicas.

Sob essa estrutura, as motivações para as empresas privadas entrarem no processo de relacionamento com a universidade seriam simplesmente ter acesso ao conhecimento básico (teórico) para o qual, aliás, os investimentos das empresas privadas são baixos.

Esse quadro, no entanto, está sofrendo profundas mudanças. Atualmente, as motivações para as empresas iniciarem relações com a universidade mostram-se muito mais complexas. Algumas análises das razões econômicas para que se realize a pesquisa fundamental têm enfatizado as ligações existentes entre o conhecimento básico e o saber-fazer mais orientado para aplicações.

A partir dessa constatação, observa-se que as empresas necessitam "construir e enriquecer sua base de conhecimentos científicos com o objetivo de serem capazes de identificar e explorar oportunidades tecnológicas externas".[9] Para construir tal base de conhecimentos, é provável que a pesquisa fundamental interna, as relações UE, assim como os acordos de cooperação entre empresas, desempenhem um papel importante.

Para reforçar essa idéia, algumas contribuições acerca do relacionamento entre ciência e tecnologia[59;104] sugerem que importantes realizações científicas tiveram origem diante de problemas técnicos, específicos de empresas industriais, nas suas atividades de manufatura e de projeto. Esse é mais um motivo pelo qual as instituições científicas e acadêmicas devem desenvolver interação com as empresas em busca da realização de seus objetivos institucionais.

Já é conhecido também que a habilidade das empresas para se apropriar de conhecimentos relevantes de fontes externas é fortemente dependente de seus próprios investimentos passados em P&D. Esse efeito é chamado de capacidade de absorção (*absorptive capacity*).[18] Ligações externas com universidades não substituem totalmente a necessidade de investimentos próprios em pesquisa fundamental interna à empresa.

As empresas industriais podem, portanto, estar interessadas na apropriação de conhecimento fundamental, com a finalidade de investir em capacidades de pesquisa, e desejar assumir objetivos de pesquisa parecidos com aqueles da comunidade acadêmica.

Ademais, a decisão para aplicar recursos nas relações entre universidade e empresa não é governada por uma regra simples do tipo faça-ou-compre (*make-or-buy*). Pelo contrário, devido às grandes incertezas surgidas, devido à natureza e ao valor dos novos conhecimentos, uma grande quantidade de esforços paralelos e sobreposições está provavelmente emergindo.[18]

Com o objetivo de descrever de forma concisa o ambiente econômico do relacionamento UE, Bonaccorsi e Piccaluga propõem, no modelo que apresentam, que o primeiro bloco a ser construído seja o das motivações que levam as empresas a empreenderem relações com as universidades. Essas motivações podem ser agrupadas dentro de quatro blocos separados, apresentados a seguir.

1. Conseguir acesso às fronteiras científicas

Esse bloco é mais relevante sob condições de dependência de tecnologia, nos casos de produção científica no grau de estado da arte.

É uma situação em que muito da pesquisa científica é diretamente usado pelas empresas[16] e uma relevante porção do conhecimento tecnológico sofre um processo de "cientificação". Por cientificação entenda-se aqui o processo de incorporar conhecimentos científicos às tecnologias que a empresa possui. As competências centrais da empresa incluem, por conseguinte, o conhecimento científico direto.

As empresas têm demonstrado ultimamente uma crescente confiança da tecnologia industrial obtida no limiar das fronteiras tecnológicas. Isso pode ser observado por alguns indicadores empíricos:

- na década de 1980, o número de artigos científicos citados em patentes aumentou significativamente em muitos campos;
- o tempo de atraso que se observa entre o investimento em projetos de pesquisa acadêmica e a utilização industrial das suas descobertas está diminuindo.

Esses dois pontos mostram que cientistas que trabalham diretamente na empresa contam com os desenvolvimentos científicos em seus campos e estão, portanto, interessados em manter estreito relacionamento com seus colegas que trabalham com o conhecimento no estado da arte.

Ao mesmo tempo, os custos associados à manutenção de atividades de pesquisas no grau de estado da arte crescem rapidamente e o nível da multidisciplinaridade da pesquisa torna-se substancial. Em razão da forte natureza cumulativa do conhecimento científico, a estratégia de concentração de investimentos sobre áreas científicas é freqüentemente uma necessidade. Mantendo-se um estreito relacionamento com a universidade, as empresas podem, então, como estratégia tecnológica, estar a par desse estado da arte.[9]

Além disso, sabe-se que a intensificação da competição pode levar as empresas a seguir mais estratégias de curto prazo e, assim, concentrar recursos sobre inovações incrementais, as quais podem rapidamente gerar retornos financeiros. Esse modelo, chamado de racionalidade irracional (*irrational rationality*), porque não aumenta a competência central da empresa, é caracterizado pela presença de investidores que não estão dispostos a investimentos de longo prazo.[9]

Empresas que adotam esse modelo estão expostas às ameaças estabelecidas pela necessidade de substituição de tecnologias, no caso de criação de novos conhecimentos ou novas tecnologias.[9]

Por outro lado, empresas que desejam investir em desenvolvimentos a longo prazo estão provavelmente mantendo estreitos contatos com instituições de pesquisa.

Outra razão para que as empresas mantenham relacionamentos com as universidades que empreendem pesquisa fundamental pura é que freqüentemente essas empresas podem adiantar-se na percepção de importantes aplicações para eventuais descobertas.[85] Também é provável que as empresas deleguem parcialmente essas atividades de pesquisa aleatória para as universidades, ao mesmo tempo que mantêm canais de informação com elas. A monitorização das fronteiras tecnológicas é uma das motivações das empresas para empreender P&D em cooperação com universidades.

O relacionamento com a universidade possibilita, ainda, o acesso a uma verdadeira rede internacional de conhecimento. Isso pode ser de interesse particular quando uma empresa inteiramente nacional sofre uma perda de competitividade ao competir com empresas de outros países. Nesse caso, as ligações com instituições universitárias locais (e a partir daí, indiretamente com universidades estrangeiras) podem permitir a recuperação de posições na competição internacional.[53]

Finalmente, participar de relações UE pode ser uma opção estratégica quando uma nova tecnologia está emergindo, ainda com direção e procedimentos cercados de grandes incertezas, projetando parâmetros e valores econômicos de alternativas ainda a serem avaliadas. Essa situação, freqüentemente referida por Dosi como pré-paradigmática[29], foi típica no início das biotecnologias.[68] Nesse período, as empresas tendiam a manter múltiplos pontos de monitorização e evitavam lançar-se de imediato em alguma das direções identificadas.

De modo geral, as relações UE podem ser usadas e incentivadas pelos governos como um ingrediente-chave no sistema nacional de políticas tecnológicas.

2. Aumentar a capacidade de previsão da ciência

Em muitos setores industriais, os custos de desenvolvimento são extremamente altos e crescem em termos reais com o passar do tempo. Isso é especialmente verdadeiro em setores como a aeronáutica ou os óleos sintéticos industriais, em que os custos muito altos de desenvolvimento seriam reduzidos se a ciência fornecesse uma base com mais poder de previsão para projetar diretamente especificações ótimas.[59,p.297]

Ao mesmo tempo, os ciclos de vida dos produtos estão se tornando cada vez mais curtos em vários setores de alta tecnologia, o que proporciona às empresas a recuperação dos custos de desenvolvimento de um produto específico em um período cada vez mais curto. Isso tem feito as empresas considerarem a colaboração, não só com outras empresas, mas também com instituições acadêmicas, fazendo acordos e envolvendo atividades como desenvolvimento e construção de protótipos.[105]

A fim de encarar o problema da redução dos custos de desenvolvimento a longo prazo, a solução mais importante é o crescimento da capacidade de previsão da ciência subordinada ao tema em questão, por meio de esforços de pesquisa adequados em modelos matemáticos.[9] Entretanto, em muitos setores é virtualmente impossível contar com previsões adequadas com base na existência de conhecimentos matemáticos contidos em programas computacionais. Conseqüentemente, as empresas ainda necessitam recorrer a caros ciclos de testes para as suas atividades correntes e também à ativa troca de dados e informações com universidades com o objetivo de estimular desenvolvimentos em modelos matemáticos computacionais.[9]

3. Delegar atividades de pesquisa selecionadas

Um terceiro grupo de motivações diz respeito à tentativa das empresas de reduzir os custos de desenvolvimento delegando algumas fases do processo de desenvolvimento às universidades. Nesse caso, a motivação não se refere à aquisição de conhecimento original, mas geralmente são delegadas fases como a de testes ou de validações. Essas atividades são importantes para o sucesso do processo de inovação, mas não envolvem a criação substancial de conhecimento.

Quando um processo alcança essa fase de testes ou de validações, é muito vantajoso obter-se a inovação no menor tempo possível, de tal modo que manter o segredo das atividades já não é uma necessidade tão premente a ponto de justificar uma eventual perda de tempo.[9] O teste de protótipos que usam as facilidades dos laboratórios de engenharia, ou os testes em larga escala de remédios em escolas de medicina e hospitais são bons exemplos dessa delegação de fases do processo.

4. Falta de recursos

Um quarto grupo de motivações envolve o caso em que a aquisição de conhecimentos ou a redução dos custos de desenvolvimento não são os principais motivos que levaram a empresa a procurar pela universidade, mas simplesmente uma situação momentânea, ou não, de escassez de recursos. Portanto, essa motivação depende de situações específicas, como, por exemplo, a inexistência de grandes equipamentos de testes ou a necessidade de alcançar um conhecimento no grau de estado da arte em um curto período.

No entanto, com relação a esse segundo exemplo, há razões para predizer que o uso de recursos externos não substitui a necessidade de acumular habilidades internas adequadas de pesquisa.

Primeiramente, a análise econômica do investimento no conhecimento fundamental enfatiza que,

> se as empresas têm o objetivo de explorar fontes externas de conhecimento, devem investir substancialmente em atividades próprias de pesquisa. A falta de recursos humanos qualificados pode minar as habilidades de capitalizar contribuições externas.[9]

Em segundo lugar, a teoria das relações entre organizações mostra que há uma relação entre a capacidade de recursos das empresas e a propensão para entrar em interação com a universidade.[9] Essa relação é tal que tanto as organizações com poucos recursos como as com muitos são impelidas a evitar este relacionamento.

No primeiro caso, porque as empresas com recursos escassos têm muito pouco a oferecer como contrapartida e, no segundo caso, porque aquelas com recursos abundantes têm pouco a ganhar por participar dessas relações. Portanto, é possível que as empresas que têm um nível intermediário de recursos tomem a iniciativa de olhar as universidades como parceiras. Elas trazem algo de valor em contrapartida dentro desse relacionamento.[9]

A respeito das empresas de menor recurso evitarem o relacionamento com a universidade por não dispor de contrapartida para oferecer, deve-se lembrar que essa ausência depende do tipo do relacionamento em si, e, fundamentalmente, do que a universidade encara como contrapartida. Esta pode ser a abertura de postos de trabalho para os recém-formados pela universidade, o que, por si só, já justificaria a participação no relacionamento que, dessa forma, hipoteticamente, possibilitaria o crescimento e a expansão da empresa, gerando naturalmente mais postos de trabalho.

A dimensão organizacional do relacionamento universidade-empresa

O modelo de Bonaccorsi e Piccaluga identifica duas dimensões organizacionais do relacionamento universidade-empresa:

1. O arranjo institucional (dimensão estrutural), que se refere à forma legal do relacionamento interorganizacional e descreve formalmente as bases do acordo, como descrição do trabalho, cronograma etc.
2. Os procedimentos de coordenação (dimensão de atuação), que se referem às regras comportamentais que surgem durante o andamento da interação entre as partes.

Uma taxonomia para as relações universidade-empresa

Bonaccorsi e Piccaluga constroem uma taxonomia organizacional do relacionamento universidade-empresa (UE), com base em formas que são geralmente citadas nos trabalhos de diferentes autores. Essa taxonomia identifica seis diferentes tipos de relações universidade-empresa (UE), que são apresentados no Quadro 5.1.

Quadro 5.1
TIPOS DE RELAÇÕES NA COOPERAÇÃO UNIVERSIDADE-EMPRESA

TIPOS DE RELAÇÕES	DESCRIÇÃO	EXEMPLOS
Tipo A: Relações pessoais informais	Ocorrem quando a empresa e um pesquisador efetuam trocas de informação, sem a elaboração de qualquer acordo formal que envolva a universidade	Consultorias individuais Publicação de pesquisa Trocas informais em fóruns *Workshops*

(continua)

Quadro 5.1 (cont.)
TIPOS DE RELAÇÕES NA COOPERAÇÃO UNIVERSIDADE-EMPRESA

TIPOS DE RELAÇÕES	DESCRIÇÃO	EXEMPLOS
Tipo B: Relações pessoais formais	São como as relações pessoais informais, porém com a existência de acordos formalizados entre a universidade e a empresa	Trocas de pessoal Funcionários da empresa como estudantes internos Cursos "sanduíches"
Tipo C: Instituições que promovem a interação	Quando existe uma terceira parte. Essas associações que intermediarão as relações podem estar dentro da universidade, ser completamente externas, ou, ainda, estarem em uma posição intermediária	Associações industriais Institutos de pesquisa aplicada Unidades assistenciais gerais Escritórios que promovem a interação
Tipo D: Acordos formais com objetivos específicos	São relações em que ocorrem a formalização do acordo e a definição dos objetivos específicos desse acordo	Pesquisa contratada Formação de trabalhadores Projetos de pesquisa cooperativa
Tipo E: Acordos formais do tipo guarda-chuva	São acordos formalizados como no caso anterior, mas cujas relações possuem maior abrangência, com objetivos estratégicos e de longo prazo	Empresas patrocinadoras de P&D nos departamentos universitários
Tipo F: Criação de estruturas próprias para o relacionamento	São as relações entre empresa e universidade realizadas em estruturas permanentes e específicas criadas para tal propósito	Contratos de associação Consórcios de pesquisa universidade-empresa Incubadoras tecnológicas

Fonte: Bonaccorsi e Piccaluga.[9]

Os seis diferentes tipos têm um crescente nível de envolvimento organizacional. No tipo A (relacionamentos pessoais informais), o envolvimento organizacional da universidade é nulo, pois os contatos da empresa foram feitos individualmente, sem qualquer acordo, ou mesmo sem conhecimento da universidade.

A dimensão do acordo entre a universidade e a empresa também pode variar, desde muito pequeno, como no caso do tipo B (relacionamentos pessoais formais), até muito extenso, no caso do tipo E, em que é estabelecido um acordo formal sem objetivo específico (conhecido como convênio guarda-chuva), ou ainda, no caso do tipo F, em que se cria uma estrutura específica para o relacionamento.

No caso de relacionamentos organizados por uma terceira parte (geralmente, instituições que promovem a interação ou *brokers*), os acordos diretos surgidos entre a universidade e a empresa são pequenos, a não ser que uma relação mais estável surja em razão de seguidos contatos.

A formalização do acordo está presente e é necessária em todos os tipos de relacionamentos, exceto quando há intermédio de instituições que promovem a interação, em que pode ou não existir, e no caso de relacionamento pessoal informal, em que é inexistente.

A formalização é muito importante, pois é sabido que

> níveis crescentes de formalização e monitorização das relações universidade-empresa podem antever e evitar conflitos e desentendimentos entre os participantes, que lutam para manter sua autonomia organizacional em face da crescente interdependência.[9]

Procedimentos de coordenação

Os procedimentos de coordenação estão associados com os seguintes aspectos comportamentais durante o relacionamento:

- grau de importância que se dá ao relacionamento;
- como ocorrem as trocas de informação;
- os procedimentos na solução de conflitos;
- as recompensas esperadas.

A seguir, analisam-se cada um desses aspectos.

Grau de importância que se dá ao relacionamento

Esse aspecto pode ser observado em três situações:

1. A quantidade de recursos disponibilizados para as relações entre as organizações, em relação ao montante total de recursos internos. A disponibilização vultosa de recursos pode ser entendida como um indicativo de um grau de importância elevado para o relacionamento. O montante dos recursos disponibilizados pelos parceiros – seja financeiro, humano, material, disponibilidade de tempo, cessão de laboratórios etc. – deve ter o mesmo nível de grandeza, intensidade e reciprocidade, de forma a manter uma dependência mútua entre os parceiros.

   Uma situação de equilíbrio em termos de montante de recursos é mais facilmente gerida que uma situação de desequilíbrio, "que pode levar a conflitos, e se os conflitos não forem superados, pode levar eventualmente a uma ruptura do relacionamento".[9]

2. O apoio dos gestores com poder de decisão nas organizações é extremamente importante na gestão da inovação, em face das incertezas dos projetos e dos conflitos organizacionais. Se somente pesquisadores de baixo nível hierárquico na estrutura da universidade e somente funcionários de segundo e terceiro escalões da empresa estiverem presentes na cooperação, a ausência de atores mais relevantes pode influenciar negativamente as relações entre os parceiros, dando a idéia de pouco interesse no relacionamento. Os gestores da universidade e os da empresa não precisam, necessariamente, ser os pesquisadores, mas devem acompanhar as negociações e o desenvolvimento das pesquisas.

3. A disponibilização de recursos humanos exclusivos para a função de interação revela um alto grau de importância dado ao relacionamento.

   Vários autores já enfatizaram a importância de um profissional que realize a função de elo entre os parceiros. Esses profissionais são elementos-chave no processo de disseminação do conhecimento obtido na colaboração. Afinal, as relações UE não envolvem simplesmente a execução de tarefas específicas, mas requerem uma interação extensiva, em que se tomam decisões e se resolvem problemas conjuntamente.

Como ocorrem as trocas de informação

A troca de informações é crítica em qualquer atividade de pesquisa e a estrutura e a natureza dos canais de comunicação interpessoal influenciam muito os resultados, podendo, inclusive, transformar-se em grandes barreiras para o relacionamento.

Devem-se considerar três dimensões de trocas de informação:[9]

1. A intensidade e a freqüência da comunicação entre os indivíduos das organizações em parceria. A hipótese é que resultados positivos da parceria estão relacionados com maior freqüência e maior intensidade nas trocas de informação entre os parceiros.
Provavelmente, um aumento na intensidade e na freqüência das comunicações entre os pesquisadores dos dois lados aumentará a possibilidade de gerar outros trabalhos em conjunto. Desse modo, possibilita um desempenho final, por vezes maior do que o originalmente esperado daquela colaboração específica.
2. Os meios de comunicação utilizados, que podem variar desde meios pessoais presenciais (que podem dar margem, inclusive, para detectar pistas ou conceitos implícitos, lembrando a característica de implicitabilidade do conhecimento) até meios impessoais, por exemplo, relatórios escritos etc.
Diferentes meios de comunicação podem dar margem a diferentes interpretações à mesma informação, que deveria ter um sentido exato e não ambíguo. Informações muito ricas em termos de conteúdos são estruturalmente geradoras de equívocos e por isso requerem meios pessoais de comunicação.[21] Quanto maiores forem as incertezas associadas à tarefa de pesquisa, mais pessoais os canais de comunicação devem ser para que ocorram trocas mais eficazes de informação.[9]

3. A dimensão geográfica da troca de informação. A proximidade geográfica tem um certo grau de importância, uma vez que intuitivamente favorece as trocas de informação,[24] mesmo que o desenvolvimento de novas tecnologias possa diminuir a importância desse fator.[16;67]
A aglomeração de empresas de base tecnológica nas proximidades das universidades leva à crença de que essa proximidade efetivamente tem valor, como um modo de facilitar as trocas de informação. Além disso, pode-se ter acesso a serviços específicos, tais como bibliotecas, bases de dados, consultores etc. Contudo, a proximidade geográfica entre os parceiros das relações UE não é uma condição *sine qua non* para o sucesso da parceria.[130]

Os procedimentos na solução de conflitos

Alguns estudiosos da teoria interorganizacional sugerem que o aparecimento de conflitos é inerente às relações entre organizações e que não se pode suprimi-los, mas tão-somente geri-los.[81] Os conflitos entre universidade e empresa podem surgir devido às diferenças entre suas missões, suas culturas e seus padrões operacionais.

Devido às características dos parceiros envolvidos, não há condições para tentar resolver os conflitos pelo uso do poder de uma parte sobre a outra. Propõem-se, como melhores métodos para a resolução dos conflitos, a recordação dos compromissos fundamentais da relação, a busca da acomodação e a utilização de toda a capacidade de atenuação e de protelação.[9]

Algumas dificuldades nos processos de decisão devem-se, pelo lado da empresa, à existência de uma certa rigidez nos canais de decisão e de comunicação e, pelo lado da universidade, à inexistência de estrutura definida para a troca de informações.[43,p.47]

As recompensas esperadas

Mais do que recompensas financeiras, os pesquisadores participantes nas atividades de cooperação UE buscam recompensas sob formas imateriais, não-financeiras, ou, ao menos, não imediatamente financeiras. Exemplos desses tipos de recompensa são publicações científicas, convites para conferências e, principalmente, reputação junto à comunidade científica (para os pesquisadores acadêmicos) e nos negócios (para pesquisadores industriais e gestores).

Alguns autores chegam a afirmar que os pesquisadores acadêmicos trabalharão mais entusiasticamente naqueles projetos em que podem alcançar alguns de seus objetivos pessoais, como o reconhecimento pela comunidade científica internacional.[9]

A avaliação do relacionamento universidade-empresa

A questão da avaliação da pesquisa científica e de como medir a produtividade da pesquisa básica tem sido objeto de muitos estudos.[56;66] Dentre os diversos métodos de avaliação (pelos pares, questionários, entrevistas etc.), Geisler e Rubenstein propõem como método tradicional e consolidado, no caso de avaliar a performance das relações universidade-empresa, a utilização de indicadores quantitativos, tais como o número de problemas técnicos solucionados, o número de patentes, invenções e inovações, a presença de empresas surgidas das universidades (*spin-offs*), o nível de apoio industrial contínuo à universidade etc.[43]

Essa forma de avaliação, por um lado, tem a vantagem da quantificação em si, ou seja, evita a utilização de métodos muito genéricos. Por outro lado, pode ser criticada, uma vez que as relações de curto prazo deveriam ser sempre medidas por indicadores de curto prazo e as relações de longo prazo, por indicadores de longo prazo,[9] ou seja, seria errôneo comparar resultados quantificados sem considerar o tempo de existência de cada relacionamento.

Uma avaliação global de benefícios e sucessos pode ser realizada a partir de um ponto de vista subjetivo.[43] No entanto, nessa situação, podem surgir avaliações preconceituosas, uma vez que a universidade e a empresa, freqüentemente, têm diferentes pontos de vista e, numa perspectiva a longo prazo, a utilização desse caminho poderá diminuir a credibilidade da avaliação.[9]

É necessário comparar formas organizacionais diferentes e estudar o impacto do conhecimento adquirido nas diferentes áreas da empresa, isto é, não somente no pessoal envolvido nas relações universidade-empresa, mas em todo o departamento de P&D e até mesmo em toda a empresa.[9]

O desempenho das relações entre organizações é uma construção multidimensional que envolve a criação, a transferência e a disseminação do conhecimento.[9]

1. Criação de conhecimento

Em termos de performance do relacionamento, o que interessa à empresa é a proporção do conhecimento criado pela universidade que lhe seja, efetivamente, de algum valor.[9] Dependendo das reais necessidades da empresa, a valorização desse item acontece tanto pela efetiva criação de novos conhecimentos como pela aplicação de conhecimentos existentes em novas áreas, para a solução de novos problemas.

2. Transferência de conhecimento

A proporção e a efetividade com que o conhecimento relevante é transferido da organização que o criou para a organização que o recebe.

3. Disseminação de conhecimento

A proporção com que o conhecimento é disseminado e absorvido no interior da organização.

Cada uma dessas dimensões possui diversas variáveis qualitativas e quantitativas e dá origem a inúmeros questionamentos que tornam complexa a tarefa de avaliar o desempenho do relacionamento.

As expectativas sobre cada uma das três dimensões estão intimamente ligadas às motivações que levaram as organizações a se relacionarem. Se os resultados do relacionamento atingem ou ultrapassam as expectativas (originadas na análise das motivações), as empresas têm incentivo para continuar o processo de relacionamento com a universidade. Caso contrário, a empresa procura corrigir ações junto à universidade para atingir tais expectativas, mas se após essas ações a insatisfação perdurar, o relacionamento terá fim.[9]

A recíproca é verdadeira – as motivações que levaram a universidade a se relacionar com a empresa também deram origem a expectativas, que são continuamente analisadas na altura da avaliação da performance do relacionamento. Se a universidade considerar essa performance aquém das expectativas, ela pode tomar a iniciativa de finalizar o processo de cooperação com aquela empresa específica.

Essa noção de que o desempenho é a comparação entre os objetivos iniciais e os resultados finais do relacionamento é muito restritiva e não se aplica a situações de altas incertezas como a criação de conhecimento científico e tecnológico, em que os objetivos são, por vezes, definidos sem absoluta precisão e evoluem continuamente. Novos objetivos são gerados durante a interação e originam novas oportunidades. Por esse motivo, as relações universidade-empresa (UE) não podem ter seu desempenho avaliado apenas em termos de seus objetivos iniciais.[9]

As relações entre organizações, tidas como instrumentais, para a realização de objetivos organizacionais previamente definidos, adquirem, no caso das relações UE, o papel de criadoras de novos objetivos, e isso deve ser considerado como uma variável independente nos resultados do relacionamento.

Motivações e barreiras ao relacionamento entre universidades e empresas no Brasil

Há diversas pesquisas desenvolvidas por estudiosos brasileiros sobre a questão das relações de cooperação entre universidades e empresas no Brasil. Os resultados dessas pesquisas não têm apresentado diferenças consideráveis. Uma delas foi desenvolvida no interior do País, envolvendo pequenas e médias empresas (PMEs) industriais, universidade pública e universidade privada.[101] Tomando-se o devido cuidado quanto à generalização dos resultados, as principais motivações e barreiras para que o relacionamento entre universidades e empresas seja o início do processo de inovação tecnológica são as descritas a seguir.

Motivações para as empresas, em ordem decrescente de importância

- Aquisição de novos conhecimentos;
- acesso à inovação, estar a par de novas descobertas;
- obtenção de opiniões independentes e diferentes;
- identificação dos melhores alunos para contratação;
- melhoria da imagem e do prestígio da empresa aos olhos dos clientes;
- obtenção de apoio técnico para a solução de problemas;
- redução dos custos de pesquisa;
- acesso aos recursos humanos da universidade;
- acesso aos laboratórios e equipamentos.

Motivações para a universidade, em ordem decrescente de importância

- Realização da função social da universidade ao transferir conhecimentos que promovam a melhoria da qualidade de vida da população;
- divulgação de uma boa imagem da universidade;

- aplicação de conhecimentos teóricos à realidade;
- obtenção de conhecimentos da realidade empresarial úteis ao ensino e à pesquisa;
- facilitação à inserção de graduandos e graduados no mercado de trabalho;
- obtenção de casos reais para aplicação nas aulas;
- facilitação para o estabelecimento de contato entre alunos e empresas;
- obtenção de recursos financeiros adicionais;
- obtenção de equipamentos, matérias-primas, serviços etc., fornecidos pela empresa;
- obtenção de benefícios para a carreira acadêmica do professor;
- aquisição de prestígios pelo professor/pesquisador aos olhos das comunidades empresarial e acadêmica;
- possibilidades de emprego fora da universidade.

Principais barreiras ao processo de interação entre as empresas e as universidades, pela ordem de importância

Para a empresa:
- aplicação prática reduzida dos trabalhos acadêmicos;
- falta de um órgão de gestão do processo;
- complexidade dos contratos;
- necessidade de confidencialidade;

- inexistência de canais adequados para a interação;
- falta de uma estratégia da universidade para as relações com a empresa;
- falta de uma estratégia da empresa para as relações com a universidade.

Para a universidade:
- falta de uma estratégia da universidade para o relacionamento com a empresa;
- falta de uma estratégia da empresa para o relacionamento com a universidade;
- burocracia da universidade;
- inexistência de canais adequados para a interação;
- aplicação prática reduzida dos trabalhos acadêmicos;
- existência de preconceitos, em ambas as partes.

Questões para debate em grupo

1) Conforme o triângulo de Sábato, criado em 1968, por que o relacionamento entre universidade e empresa ainda apresenta resultados incipientes?
2) Qual dos vértices do triângulo de Sábato apresenta as intra-relações de menor eficiência? Por quê?
3) De que forma as inter-relações verticais (com o Governo) podem estimular as inter-relações horizontais (estrutura produtiva com estrutura tecnocientífica)?

4) A segunda revolução acadêmica, preconizada por Etzkowitz, também aconteceu de fato no Brasil ou as nossas universidades ainda não assimilaram essa revolução?

5) As empresas brasileiras adotam posturas ativas em busca do relacionamento com universidades, ou são apáticas e reativas?

6) O professor/pesquisador de universidades brasileiras está preparado para assumir o papel de gestor das relações com as empresas ou limita-se a ser pesquisador?

7) Conseguir acesso às fronteiras científicas e aumentar a capacidade de previsão da ciência são preocupações reais das empresas brasileiras típicas?

8) Quais das motivações para o relacionamento apresentadas por empresas e por universidades brasileiras são, de fato, reais para a universidade _____ (citar uma universidade da região)? E para a empresa _____ (citar uma empresa da região)?

9) O que poderia ser feito para diminuir cada uma das barreiras apresentadas, tanto para universidades quanto para empresas, na região de _____ (definir a região geográfica)?

6
UM GUIA PRÁTICO PARA UNIVERSIDADES E EMPRESAS EM BUSCA DA INOVAÇÃO TECNOLÓGICA

AS REAIS NECESSIDADES DE PEQUENAS E MÉDIAS EMPRESAS INDUSTRIAIS BRASILEIRAS

Grande parte das pequenas e médias empresas (PMEs) industriais brasileiras necessita, atualmente, de conhecimentos e tecnologias já desenvolvidas e disponibilizadas, mas ainda desconhecidas dessas empresas. Evidentemente, excluem-se dessa afirmação as empresas de base tecnológica. A modernização da empresa brasileira, por intermédio da inovação tecnológica, deve, necessariamente, contemplar as necessidades atuais das PMEs.

O interesse das empresas por novos conhecimentos demonstra sua conscientização de que a inovação é fundamental para o aumento da competitividade. Se, devido às diversas barreiras comentadas neste livro, a procura é baixa junto aos centros produtores de conhecimentos, fica clara a dificuldade das empresas e, por extensão, do Brasil, para obter tal competitividade. Os mecanismos específicos para a transferência de conhecimentos são, em sua maioria, desconhecidos, quanto pelas empresas como pelas universidades, o que leva à baixa procura.

A ausência de estruturas organizacionais próprias para a gestão do processo de inovação é patente na imensa maioria das empresas. Em algumas das pequenas e médias, verifica-se, inclusive, a baixa capacidade de interlocução junto à universidade. Por essa razão, predominam relacionamentos pessoais e informais nos mecanismos desenvolvidos pelos gestores.

Não existem modelos de relacionamento universidade-empresa que tenham resultados positivos, independentemente de onde sejam aplicados. Cada região deve ter suas especificidades consideradas, bem como as diferentes motivações dos agentes que interferem no processo.

As relações entre universidades e empresas não podem ser consideradas como meras relações de troca, envolvendo a transferência de um produto ou serviço, pois subordinada a essa relação há uma tentativa de aumentar a base de conhecimento de ambas as organizações. As empresas tentam apropriar-se de benefícios a partir de conhecimentos ainda não aplicados, gerados nas universidades.

Há pouca discussão metodológica sobre a criação de estruturas operacionais para que efetivamente ocorram as relações entre a universidade e a empresa. O conhecimento das motivações e das barreiras é de capital importância, contudo, ele terá pouca valia se não forem propostas soluções exeqüíveis que explorem positivamente as motivações dos agentes e minimizem ou eliminem as barreiras.

As relações entre esses atores nunca foram fáceis nem espontâneas. Ainda hoje, as diferenças culturais e os objetivos distintos procuram explicar essa dificuldade de relacionamento. De um lado, a universidade forma recursos humanos qualificados para a sociedade e realiza, primordialmente, pesquisa básica para o avanço do conhecimento. Do outro lado, a empresa recebe os profissionais formados pela universidade e desenvolve produtos, processos e serviços para o mercado.

Recentemente, o potencial de contribuição das universidades para o desenvolvimento econômico dos países começou a ser discutido. Elas estão sendo solicitadas a expandir o seu papel, interagindo mais com outros setores e aumentando seu retorno para a sociedade.

É preciso que as universidades, detentoras de uma sólida infra-estrutura de pesquisa e de pessoal altamente qualificado, engajem-se no processo de desenvolvimento econômico do país, sem, necessariamente, abrir mão de seus valores fundamentais – o ensino e a pesquisa. Basta definir diretrizes e normas de conduta e administrar conflitos de interesse, de tal modo que a cooperação universidade-empresa (UE) seja benéfica para ambos os atores e, por conseguinte, ao país.

A extensão universitária deve ser praticada como uma forma de levar à população os benefícios do conhecimento, além de constituir uma estratégia para que a universidade se mantenha em contato com a realidade que a cerca, conhecendo suas dificuldades e, a partir desse conhecimento adquirido, superá-las. A extensão constitui, portanto, uma função que se realiza nos dois sentidos. Por meio dela, a universidade dá e ao mesmo tempo recebe, criando um processo em que ambas, universidade e empresa, beneficiam-se do processo de interação.

As universidades têm em seus estatutos e regimentos a designação de organizações voltadas ao ensino, à pesquisa e à extensão. Apesar disso, a própria prática acadêmica tem mostrado que, por diversos motivos, nem sempre se tem alcançado tal articulação, especialmente quando não se leva em conta que a extensão universitária é fomentadora da produção de conhecimento.

Há uma nova realidade mundial. A globalização de mercados, a queda das barreiras comerciais e a liberação da economia colocam os empresários diante do desafio da competitividade, em que é fundamental a incorporação cada vez mais rápida de novos conhecimentos, para haver mais inovações em produtos, processos e serviços. O objetivo é ultrapassar a fase de somente levantar motivações e barreiras para a cooperação entre universidades e empresas e torná-la de fato um caminho para levar as empresas brasileiras à inovação.

Para que a cooperação universidade-empresa siga esse caminho, procura-se responder a um quesito básico na gestão da qualidade em organizações: atender às necessidades do cliente. É evidente que a universidade tem diversos tipos de cliente, por exemplo, os alunos, a sociedade, as empresas, os futuros empresários etc. O foco deste livro está no cliente-empresa, o qual necessita de tecnologia já desenvolvida, disponibilizada e ainda não difundida pela empresa.[101]

Como satisfazer esse tipo de necessidade do cliente-empresa, ou seja, a necessidade por conhecimentos e tecnologias já desenvolvidas, sem comprometer o atendimento aos outros clientes, como os alunos, na missão ensino, ou a sociedade, na busca por novos conhecimentos na missão pesquisa?

É possível estruturar um sistema de transferência de conhecimentos, a partir da universidade, sem prejudicar a pesquisa fundamental, que busca novos conhecimentos, e sem prejudicar o ensino, mas, pelo contrário, melhorando essas duas missões fundamentais.

Fases necessárias para iniciar o relacionamento

Para que a empresa possa obter a desejada inovação tecnológica é necessário, entre outras ações, envolver a universidade. Esta, por sua vez, deverá implementar uma seqüência de oito etapas para facilitar o processo de cooperação com as empresas. As etapas descritas a seguir devem ser seguidas em ordem cronológica.[15]

Definição de uma política/filosofia da universidade para as relações empresariais

A área responsável pelas relações empresariais nas universidades desempenha um papel importante de interação com a comunidade externa, particularmente com a empresarial. Um dos seus objetivos é desenvolver mecanismos que facilitem a interação universidade-empresa.

O desenvolvimento de atividades da universidade em parceria com a empresa necessita de diversos fatores para a sua consolidação. O fundamental é que a instituição universitária tenha como filosofia a própria parceria universidade-empresa. Instituição, nesse caso, compreende desde o reitor até o pessoal operacional de apoio.

Para a consolidação das relações, é vital que o reitor assuma o compromisso de estimular, fomentar e, principalmente, apoiar as iniciativas inerentes ao processo. Quando o dirigente máximo da instituição está comprometido com essa filosofia, ele se torna o maior agente de interação universidade-empresa. Ele será, ainda, um agente que facilitará a condução dos processos de parceria.

Dentro dessa orientação política de ter as relações com as empresas como filosofia da universidade, deve-se atentar ao lado de que, para o aumento dos benefícios já citados, há um aumento correspondente da responsabilidade do professor e da universidade. Isso porque, no momento de realizar a parceria, a universidade está "aberta" para a comunidade, mostrando suas eventuais deficiências e limitações.

Autoconhecimento institucional

Após caracterizada a filosofia institucional quanto às relações universidade-empresa, o próximo passo é a universidade olhar para dentro de si mesma. Deve conhecer o seu real potencial técnico e de recursos humanos, disponibilizando-o sempre que possível, para os utilizadores.

A área responsável pelas relações empresariais na universidade pode, nesse momento, colaborar com o processo de autoconhecimento por meio da elaboração de um cadastro, se ainda não houver, de todos os especialistas (e suas especialidades) que tenham interesse em participar desse tipo de parceria. É importante, nesse momento, ter disponíveis todas as áreas de competência nas quais cada setor da universidade atua e saber como colaborar com o processo de desenvolvimento social e econômico da região.

Outro aspecto importante nessa fase é o perfeito conhecimento das atribuições intersetoriais da própria universidade. Isso é necessário para que todas as pessoas envolvidas conheçam, internamente, os seus clientes e os seus fornecedores. Esse procedimento facilita o relacionamento entre os envolvidos no processo, na medida em que cada um sabe exatamente qual é o seu papel e a importância dele para o sucesso da interação com a empresa.

Ainda nessa fase, a gestão participativa deve ser estimulada como forma de garantir a maximização da co-responsabilidade. Somente dessa forma, garante-se a fluidez das informações em todos os níveis, aspecto fundamental para se atingir o pleno autoconhecimento da universidade.

Marketing interno para as relações com as empresas

O marketing interno é importante para despertar os membros da universidade para os benefícios decorrentes da parceria com as empresas. Nessa fase, é muito importante motivar o pesquisador e sua equipe a participarem do processo. Essa motivação resulta da preparação e do uso de materiais adequados, tais como folders, cartazes e, principalmente, contatos e entrevistas pessoais. Para tanto, é necessário pessoal de apoio em quantidade e qualidade condizentes com essa atividade, preparados para abordar e cativar os professores, orientando-os para as atividades em parceria. Essas pessoas têm de estar cientes da importância que a parceria tem para a universidade, bem como os benefícios dela resultantes.

Os seguintes mecanismos de marketing interno na universidade, entre outros, poderiam ser utilizados:

- inserção mensal de resumos das pesquisas em andamento, dos cursos ministrados para as empresas etc. em um jornal informativo interno;
- exposição dos benefícios da parceria junto a todos os departamentos acadêmicos;

- contatos individuais (entrevistas) com os professores de forma a conhecer o potencial do professor para as atividades de interação;
- elaboração e distribuição de manual com o resumo de todos os mecanismos de parceria, seus benefícios e a forma de participação;
- publicação de artigos em boletim informativo interno, dirigido aos estudantes, estimulando a sua participação em projetos de interação.

Infra-estrutura adequada

A universidade deve preocupar-se em manter seus laboratórios, oficinas e equipamentos sempre dentro de um padrão mínimo de qualidade. Isso é necessário para garantir a realização de cursos e projetos de pesquisa com alto grau de profissionalismo, o que as empresas parceiras desejam. Compete ao professor a manutenção dessa qualidade dos equipamentos, bem como envidar esforços junto à direção da universidade e aos órgãos de fomento, no sentido da atualização constante dos laboratórios. Agindo dessa forma, ele estará melhorando diretamente a qualidade do ensino.

Nos casos em que a universidade não dispõe de laboratórios ou equipamentos adequados àquela pesquisa em particular, sugere-se que seja viabilizada a utilização da infra-estrutura disponível na empresa ou em outras universidades ou institutos de pesquisa que possam participar do projeto de forma cooperativa, por meio de pesquisa em colaboração.

A doação de equipamentos para a universidade é uma contrapartida da empresa que também acarreta a melhoria da qualidade, tanto do ensino quanto de futuros projetos. Existem, inclusive, benefícios fiscais fomentando tais doações.

Marketing externo

Após as fases de definição de uma política institucional voltada para a parceria, de autoconhecimento da universidade, de marketing interno que estimulou a participação dos membros da universidade, bem como de conhecimento e de aperfeiçoamento da infra-estrutura disponível, pode-se iniciar o processo de divulgação externa. Somente depois de ter uma noção exata do potencial interno é que se inicia o processo de disponibilização de trabalhos e serviços.

O marketing externo pode acontecer de diversas formas, tais como:

- visitas programadas às empresas, buscando novos parceiros;
- participações em congressos com apresentação de trabalhos;
- participações em exposições e feiras;
- confecção de material de divulgação específico;
- avaliação e divulgação do nível de satisfação do cliente, como forma de *feedback* institucional.

Possivelmente, o melhor marketing externo para os serviços prestados pela universidade é o êxito nas soluções dos problemas propostos pela empresa. É importante observar, nessa fase, que a universidade está se abrindo para a sociedade, o que a torna passível de críticas e contestações sobre a sua agilidade e flexibilidade na condução de processos em parceria. Por isso, a cada êxito conquistado, a universidade deve esforçar-se para divulgá-lo.

Gestão das relações universidade-empresa

Uma porcentagem expressiva de professores desconhece os aspectos relativos a propriedade industrial e intelectual, contratos, convênios, *royalties* etc. Por isso, a área responsável pelas relações com empresas deve oferecer suporte que possibilite a viabilização e que facilite a parceria.

Tal suporte pode ser proporcionado das seguintes formas:

- palestras ou cursos de orientação à elaboração de projetos;
- modelos de contratos e/ou convênios;
- acesso à legislação sobre propriedade industrial e intelectual.

Nessa fase, é importante que os procedimentos administrativos que envolvem a gestão do projeto de pesquisa sejam cuidados por pessoal responsável. Assim, o professor-pesquisador pode ater-se à sua área técnica de competência com exclusividade.

Formação de gestores das relações universidade-empresa

Pior do que ter poucos recursos é tê-los e não saber administrá-los. Essa frase destaca a importância da gestão eficiente dos recursos envolvidos num projeto de pesquisa. Deve-se cuidar para que os gestores das relações universidade-empresa estejam permanentemente atualizados nas modernas técnicas de gestão. Dessa forma, eles facilitarão o processo de parceria, incentivando as tomadas de decisões, a geração de alternativas etc., contribuindo para o sucesso do empreendimento.

A gestão de tecnologia é uma disciplina relativamente nova no contexto latino-americano, e por isso é difícil encontrar recursos humanos capacitados nessa área. Alguns organismos e fundações internacionais, entretanto, já oferecem programas para capacitar esses gestores de ciência e tecnologia. Destaca-se, no âmbito brasileiro, a atuação do Núcleo de Política e Gestão Tecnológica da Universidade de São Paulo (PGT/USP), que organiza cursos especiais para os gestores de relações universidade-empresa, como por exemplo, o Programa de Formação em Administração de Pesquisas Científicas e Tecnológicas (PROTAP) e o Programa de Treinamento para Capacitar Gestores da Cooperação Empresa-Universidade e Instituto de Pesquisa (PROTEU).

Avaliação junto aos utilizadores

Na parceria que a universidade busca, o grande parceiro, que deve ser tratado como um cliente, é a empresa. Justamente por isso, ninguém melhor que ela para dar à universidade o *feedback* sobre a qualidade dos serviços. Esse *feedback* é muito importante no aperfeiçoamento dos serviços prestados, o que se reflete, necessariamente, na qualidade do ensino ministrado.

Essa avaliação pode ser obtida por meio de preenchimento de questionários (via correio), pela realização de mesas-redondas com empresários, avaliação quantitativa e qualitativa após cada projeto, bem como uma avaliação global, feita anualmente. A avaliação constante permite melhorar o processo, possibilitando eventuais correções nas áreas, nos métodos ou na estrutura de pesquisa.

Conclui-se, portanto que um programa de parcerias bem estruturado e produzindo resultados tangíveis e intangíveis é um elemento importante para aumentar a confiança do setor empresarial na universidade. Essa confiança atrairá, certamente, novos projetos e investimentos na infra-estrutura universitária.

A médio e longo prazo, a parceria consolidará a própria universidade, fazendo dela um agente de transformação junto à sociedade na qual está inserida. Dessa forma, a universidade, ciente do seu papel social, estará cumprindo a sua vocação e colaborando com o avanço tecnológico do País.

Se, no âmbito estratégico, recomendam-se as fases comentadas anteriormente, no âmbito operacional recomenda-se a adoção de mecanismos selecionados para aproveitar melhor as motivações, as idéias e os interesses dos professores e dos gestores e, desse modo, minimizar as barreiras e maximizar a eficácia do processo.

OS MECANISMOS SELECIONADOS PARA A INTERAÇÃO UNIVERSIDADE-EMPRESA

Um estudo desenvolvido em 1982 pela National Science Foundation (Fundação Nacional de Ciências), nos Estados Unidos, identificou 464 mecanismos de relacionamento entre universidades e empresas norte-americanas. Evidentemente, cada um desses mecanismos tem maior ou menor eficácia, dependendo de diversos aspectos, peculiaridades, necessidades etc.

Quando se busca aumentar o relacionamento entre a universidade e as empresas em regiões normalmente pouco favorecidas, em que a presença da universidade é fator de desenvolvimento importante, no sentido de descobrir e de solucionar problemas das empresas que dão suporte à economia regional, sobressaem-se alguns mecanismos que apresentam maior eficácia.

Para estabelecer uma verdadeira parceria entre a universidade e a empresa, é necessário suplantar determinadas fases, as quais são denominadas "degraus da parceria". Estas seriam as fases de: (a) conhecimento, (b) confiança e (c) consolidação. Para suplantar cada uma delas, são recomendados alguns mecanismos.

Primeiramente, a utilização de mecanismos de aproximação, como visitas dos dirigentes universitários às empresas e vice-versa, comemoração do Dia da Indústria, feira de empresas, encontros com a indústria etc. Essa é uma fase de conhecimento mútuo.

Em seguida, utilizam-se mecanismos de interação, como os estágios de estudantes e professores, participação em cursos de formação, prestação de serviços, mesas-redondas etc. Essa fase caracteriza-se pela obtenção de confiança mútua.

Na terceira fase, são empregados mecanismos de integração, como a pesquisa por contrato ou em conjunto, os cursos fechados focalizando necessidades específicas de uma empresa etc. As empresas juniores e as incubadoras de empresas também encaixam-se nesse tipo de integração. Essa fase caracteriza-se pela consolidação efetiva da parceria.

Em relação aos mecanismos de aproximação, objetivando o conhecimento mútuo, algumas propostas são apresentadas a seguir.

Dia da Indústria (ou do Comércio, ou da Agricultura etc.)

Esse mecanismo, embora revestido de um caráter formal, é efetivamente uma solenidade festiva para promover a aproximação entre os empresários e os membros da comunidade acadêmica. Em uma data conveniente, a universidade pode promover uma solenidade para entregar títulos como: "O industrial do ano", "O agente de recursos humanos do ano", "O empresário homenageado pelo curso de engenharia civil", "O ex-aluno que mais se destacou como empresário" etc.

É interessante observar que, com o passar do tempo, tal atividade reveste-se de muita importância para os empresários, que passam a concorrer entre si para serem homenageados pela universidade, numa demonstração de prestígio ao evento e à universidade.

Visitas dos dirigentes universitários às empresas

Trata-se de planejar visitas de dirigentes universitários às empresas. O objetivo é, mais uma vez, promover a aproximação entre a universidade e a empresa. Devem participar dessas visitas tanto ocupantes de cargos de direção quanto responsáveis por departamentos, por seções etc.

Esse mecanismo, como o anterior, fundamenta-se na transmissão informal de informações de interesse para ambas as partes. Estas informações podem variar de simples comentários sobre as necessidades da empresa até a colocação de futuros licenciados no mercado de trabalho.

Feira de empresas

A universidade pode ceder espaço físico para que as empresas venham demonstrar os seus produtos e/ou serviços à comunidade acadêmica. Para a empresa, é uma oportunidade de mostrar o que vende para um seleto grupo de conhecedores e potenciais futuros utilizadores. Para o mundo acadêmico, é uma oportunidade para verificar o estado atual de determinadas tecnologias.

Feira de estágio/emprego

Mais uma vez, a universidade pode ceder o espaço físico para que as empresas, por meio de seus gerentes de recursos humanos, se apresentem ao público acadêmico. Seus planos de carreira, seus atrativos, o tipo de sua atuação no mercado, enfim, o que ela pode oferecer aos seus futuros colaboradores. Esse mecanismo ganha especial importância nos períodos em que a universidade gradua profissionais em número menor que o necessário nas áreas específicas de atuação da empresa.

Programa de acompanhamento de ex-alunos

É interessante que a universidade disponha de um programa de acompanhamento dos seus ex-alunos, sejam empresários ou funcionários empregados. As suas opiniões sobre o que aprenderam e, principalmente, sobre o que não aprenderam na universidade servem de referência sobre a validade operacional dos conteúdos programáticos que são ministrados. Além de acompanhar, a universidade pode promover periodicamente encontros e seminários de ex-alunos. Nesses encontros, podem ser debatidos problemas, sugeridos conteúdos programáticos de disciplinas, metodologias de ensino etc.

Visitas técnicas de alunos às empresas

A universidade deve propiciar aos estudantes a realização de visitas técnicas orientadas às empresas com o objetivo de colocá-los em contato com a realidade industrial do meio em que se inserem, validando, consolidando e ampliando os conhecimentos adquiridos na universidade. Em muitos casos, esse é o primeiro contato do estudante com a organização empresarial visando sua conscientização para as questões relativas à qualidade.

Encontros com a empresa

Periodicamente, a universidade pode convidar o gestor de uma empresa para participar de um painel, juntamente com os alunos da área de atuação da empresa. O relato das experiências da empresa, sua criação, as dificuldades encontradas, as oportunidades de mercado que foram aproveitadas etc. constituem importantes conhecimentos que podem ser repassados para os acadêmicos.

Em relação aos mecanismos de interação, objetivando a aquisição de confiança mútua, sugerem-se os procedimentos descritos adiante.

Presença de um representante da indústria no conselho diretivo máximo da universidade

Aqui, sugere-se representante da indústria, mas a escolha do setor depende dos cursos que a universidade oferece e do meio em que se insere, podendo haver representantes da área de comércio, de serviços ou do setor agropecuário.

A presença desse representante indica à comunidade a predisposição da universidade para interagir com o meio circundante. Presidentes de federações de grande influência na economia da região e nomes de destaque no cenário empresarial constituem excelentes opções para ocupar esse lugar no conselho diretivo máximo da universidade.

Conselho empresarial

A idéia de um conselho empresarial envolve a criação de um órgão consultivo da direção da universidade relacionado à interação desta com o setor empresarial, objetivando a melhoria da qualidade do ensino, por meio de sugestões de quem vive o dia-a-dia empresarial, no nível de alta gestão.

Por parte da universidade, podem participar desse conselho os dirigentes responsáveis pelo ensino, pelas relações empresariais e o seu reitor ou dirigente máximo. Por parte das empresas, é importante a participação de pelo menos um empresário ligado a cada um dos cursos que a universidade ministra. Além destes, deve-se admitir a participação de pelo menos um representante dos ex-alunos que seja empresário. No caso de grandes universidades, poder-se-ia admitir a participação de representantes de ex-alunos empresários por área de ensino. Os empresários têm a oportunidade de opinar sobre tendências do mercado, cursos, currículos, necessidades das empresas etc.

Mesas-redondas

Periodicamente, deve-se reunir os ex-alunos que já estão no mercado de trabalho, seus supervisores e seus professores, por curso ou por área, para debaterem assuntos relativos à formação e ao desempenho dos profissionais formados pela universidade. Cada mesa-redonda deve discutir assuntos específicos de um determinado curso. Não se deve mesclar diversos cursos em uma única mesa-redonda. O que conta é a especificidade de cada curso e a discussão entre especialistas.

Os participantes da mesa-redonda, por parte das empresas, devem ser aqueles diretamente ligados ao serviço executado pelo ex-aluno e devem apresentar os problemas e as sugestões para fins de análise e de atualização de grades curriculares, conteúdos de disciplinas, metodologias etc., com o objetivo de melhorar a formação e a qualidade dos cursos.

Encontros com responsáveis por recursos humanos das empresas

Os responsáveis pelos recursos humanos da empresa podem fornecer uma visão muito boa da situação de ingresso do recém-licenciado. Um dos objetivos dessa ação é dar oportunidade para a troca de experiências com relação ao melhor aproveitamento dos estagiários. A empresa beneficia-se, pois investirá menos na adaptação do estagiário, ou do empregado, e a universidade beneficia-se, pois pode obter um *feedback* do comportamento e das necessidades do seu aluno.

Esses encontros também servem para avaliar a procura das empresas por determinados tipos de profissionais, o que pode garantir a existência de recursos humanos capacitados para situações futuras.

O estágio curricular dos estudantes

Sem dúvida, um dos melhores mecanismos de interação da universidade com a empresa é quando o aluno vai estagiar dentro da própria empresa onde ele possa vir a trabalhar. O estágio é o primeiro passo para a ambientação e o progresso dos estudantes na empresa, possibilitando integrar a formação acadêmica com a experiência prática das empresas.

Enquanto componente didático e pedagógico, o estágio busca conciliar a teoria e a prática, o saber e o fazer. Evidentemente, é indispensável que as atividades que o aluno-estagiário venha a desenvolver tenham uma relação com o contexto da profissão a que o curso se refere.

Se bem feito, o estágio possibilita ao estudante a oportunidade de elaborar as mais variadas questões técnicas, tanto ao seu supervisor na empresa quanto ao seu professor na universidade. A troca contínua de conhecimentos e informações traz mais e melhor competência ao estudante, além de melhoria da qualidade do próprio processo educacional. As melhores universidades possuem departamentos encarregados de facilitar a colocação de estudantes para estagiar em empresas.

O estágio de professores nas empresas

Periodicamente, é interessante que os professores realizem estágios nas empresas. Além de promover uma interessante troca de experiências, que certamente refletirá na melhoria da qualidade do ensino, abre-se um canal de informações e de novos projetos.

Esse mecanismo exige o planejamento prévio dos objetivos específicos que o professor deve atingir durante o seu período de estágio na empresa.

Cursos extraordinários de extensão universitária

Esse mecanismo objetiva melhorar o desempenho dos quadros das empresas por intermédio de cursos de extensão universitária. A universidade pode promover cursos de curta duração, geralmente de dez a cem horas, abertos a toda a sociedade. Devem ser cursos rápidos, objetivos e de custo reduzido. Para tanto, podem-se utilizar os laboratórios, as oficinas e os equipamentos da universidade. Deve-se atentar para que a realização desses cursos não prejudique o andamento normal das atividades didáticas curriculares.

Esses cursos rápidos permitem atender parcelas da população que não tiveram acesso à universidade ou mesmo alunos ou ex-alunos que desejam saber mais ou reciclar-se sobre determinado tema.

Outra possibilidade é a universidade oferecer cursos fechados, para capacitar funcionários de uma única empresa ou grupo de empresas com interesses comuns. Nessa situação, já se teria uma integração efetiva.

Prestação de serviços

A utilização de equipamentos, laboratórios e oficinas da universidade para realizar serviços externos, tais como metrologia, ensaios, produção de peças, testes físicos etc. pode ser um ótimo mecanismo de interação com a comunidade externa, desde que se tomem alguns cuidados:

- jamais realizar serviços externos em determinado equipamento quando, naquele horário, deveria ocorrer uma atividade didática usando o mesmo equipamento, a não ser que tal serviço externo seja de mesma natureza que a atividade programada e possa servir como recurso educativo;
- cuidar para que o tipo do serviço executado pela universidade não concorra com uma empresa, na mesma área geográfica da universidade, pois se isso ocorresse, a universidade estaria fazendo concorrência desleal com a empresa. Não é o que se pretende;
- na execução dos serviços, o professor seria sempre o responsável pela qualidade, mas é fundamental a presença de estudantes executando ou acompanhando a execução, para que a universidade não se desvie de uma de suas missões, que é o ensino.

Note-se que os professores e os estudantes envolvidos beneficiam-se à medida que são chamados a prestar serviços com qualidade. A empresa também se beneficiará na medida em que não necessita realizar gastos com equipamentos para atender encomendas de clientes fora da linha normal de produção da empresa, ou mesmo para realizar a aferição dos seus próprios equipamentos.

Programa "A Empresa no Ensino"

Este é outro mecanismo interessante de interação universidade-empresa visando a conscientização do empresário sobre a importância da empresa doar, ou vender a preço de custo, equipamentos à universidade para uso dos estudantes. A proposta é criar um verdadeiro *show-room* no meio acadêmico. Esses estudantes são futuros potenciais compradores dos equipamentos nos quais foram treinados.

Uma hipótese interessante de interação é a indústria doar o equipamento e, em contrapartida, a universidade promover cursos de formação nesse equipamento para os clientes da própria empresa.

A universidade beneficia-se na medida em que dispõe de equipamentos atuais e em quantidade suficiente para atender os estudantes nas atividades de ensino ou de pesquisa; a empresa beneficia-se na medida em que terá recém-formados já treinados nos seus próprios equipamentos. O conhecimento prévio da operação desses equipamentos pelos ex-alunos, hoje funcionários de outras empresas, leva-as a comprarem o equipamento da empresa que participa do mecanismo.

Quanto aos mecanismos de integração, objetivando a consolidação da parceria universidade-empresa, propõem-se os listados a seguir.

Pesquisa por encomenda ou por contrato

Trata-se de um dos mais tradicionais mecanismos de integração universidade-empresa. A empresa transfere suas atividades de pesquisa e desenvolvimento a terceiros, delegando tais serviços às universidades. Essa atitude demonstra a confiança da empresa no potencial dos recursos humanos da universidade. Mas é interessante a universidade lembrar o empresário que toda pesquisa científica é, na verdade, um contrato de risco.

Uma variação desse mecanismo é incitar a empresa a propor problemas que, uma vez analisados pelos professores orientadores, podem ser objetos de uma monografia de final de curso, uma dissertação de mestrado ou uma tese de doutorado. A empresa assume os custos das bolsas de estudos e do material de consumo necessários para o trabalho. Ao final da pesquisa, os resultados são repassados para ela. Se for o caso, prevêem-se pagamentos de *royalties* ou outra forma de remuneração. Além disso, esse mecanismo atua como um forte meio de colocação de graduados e de pós-graduados no mercado de trabalho, pois geralmente a empresa que participou do mecanismo contrata o estudante após o término do curso de mestrado.

Incubadoras de empresas

O objetivo deste mecanismo é propiciar condições favoráveis aos estudantes ou professores com perfil empreendedor para a constituição de novas empresas. A incubadora estimula o pesquisador/empreendedor a transferir o seu conhecimento tecnológico para a atividade produtiva. A universidade deverá propiciar apoio logístico, com a cessão de espaço físico e serviços administrativos, comuns às empresas incubadas.

Também é interessante que a universidade propicie as condições necessárias para que os estudantes ou docentes possam transformar idéias em protótipos, ou seja, experienciem uma fase de pré-incubação. Nessa fase, o futuro empreendedor transformaria as suas idéias, surgidas nos laboratórios, em protótipos sem a preocupação imediata com a comercialização.

Defende-se a criação de laboratórios de iniciação científica nas universidades, que seriam laboratórios de idéias-livres, onde os estudantes poderiam desenvolver sua criatividade, livres dos conteúdos programáticos das cadeiras acadêmicas. Só então deveriam candidatar-se à incubação propriamente dita, buscando transformar o seu protótipo em produto industrial, com a apresentação de um plano de negócios, sujeito às regras e ao mercado.[91]

Programa "Disque-universidade"

Esse programa disponibiliza um canal de acesso para a empresa interessada em contatar a universidade. Independentemente da complexidade do problema, os operadores do disque-universidade devem saber a quem encaminhar a solicitação da empresa e acompanhar a evolução do atendimento prestado.

Se o problema posto exigir nova pesquisa e desenvolvimento de nova tecnologia, ele é encaminhado aos institutos de pesquisa ou aos professores da universidade que trabalham em pesquisa aplicada. Se, entretanto, o problema da empresa demandar a utilização de tecnologia já desenvolvida para sua solução, poder-se-ia consultar o balcão de teses, que será explicado mais adiante, ou encaminhar o problema às empresas juniores.

O serviço tipo disque-universidade foi originalmente concebido pela Universidade de São Paulo, onde recebeu o nome de Programa Disque-tecnologia (DT-USP). A procura de soluções contidas em tecnologias já desenvolvidas, os problemas do cotidiano e as dificuldades em encontrar um professor-pesquisador universitário para fornecer estas soluções resultaram nesse programa, cujo *modus operandi* é ágil, desburocratizado e eficaz.

A partir de um banco de dados sobre os professores e os pesquisadores da universidade, elabora-se um cadastro de especialistas e suas especialidades, usando um questionário simples com informações sobre as linhas gerais e específicas da atuação do professor, além dos seus interesses no tocante ao relacionamento com os empresários.

O procedimento adotado busca colocar o empresário em contato direto com um professor ou grupo de professores, cuja especialização seja adequada para o problema apresentado. O empresário interessado na solução de algum problema entra em contato, por meio de telefone, fax, e-mail, correio, ou mesmo pessoalmente, fornecendo um pequeno perfil de sua empresa, ramo de atuação e descrição da dificuldade.

É importante que o serviço de atendimento seja constituído por uma linha telefônica exclusiva para essa finalidade, com funcionários especializados para receber a solicitação em formulário adequado.

O processo divide-se em quatro etapas distintas, que não devem, em princípio, demorar mais que dez dias. São elas:

1. recepção, registro e verificação da área de conhecimento da solicitação;
2. procura pelo especialista no banco de dados, apresentação do problema e verificação da sua disponibilidade para a resolução;
3. indicação ao professor especialista do nome e telefone do solicitante para contato;
4. efetivação do encontro e atendimento à solicitação.

É importante que até a efetivação do encontro entre o empresário e o professor, o trabalho seja gratuito, ou seja, nada deve ser cobrado pela aproximação entre o empresário e o professor. A partir daí, o professor pode fornecer uma informação ou aconselhamento elementar que, na maioria dos casos, também é gratuito, ou a consulta pode dar margem a um projeto maior, de busca de informações ou mesmo um projeto de pesquisa e desenvolvimento com transferência de tecnologia. Nessas situações, os custos são apurados e podem ser cobertos parcialmente por uma instituição de apoio às empresas.

Segundo dados do disque-tecnologia da USP, 70% dos problemas apresentados referem-se à procura de informações básicas ou tecnologias já desenvolvidas que resultam em ações de aconselhamento técnico.[5] Daí comprova-se, mais uma vez, qual é a real necessidade da maioria das PMEs, em termos de acesso ao conhecimento acadêmico.

O modelo do disque-universidade, mesmo que, aparentemente, trate de um simples "balcão de tecnologia", é inovador, pois tem como base o diálogo para identificar a melhor solução para a empresa. O segredo é conhecer a necessidade para, então, disponibilizar o serviço. Justamente sobre esse aspecto é que está a novidade, porque os processos de interação universidade-empresa até hoje desencadeados pela universidade têm como base a disponibilização de serviços sem ter o conhecimento da real necessidade do cliente.

É importante salientar, ainda, que, além do aspecto de transferência de informações ou de tecnologias já desenvolvidas, um serviço como o Disque-universidade constitui um grande canal de acesso à universidade por parte das empresas e da sociedade em geral. É a partir desse mecanismo de ação que a busca por conhecimento ou por tecnologia ocorre, seja tecnologia já desenvolvida e disponibilizada ou de ponta.

Empresa júnior

Um problema a ser resolvido refere-se a como estimular um especialista, pesquisador universitário, por vezes com mais de vinte anos investidos na sua formação, a apresentar soluções para questões simples, do cotidiano das empresas. Normalmente, esse professor-pesquisador não tem interesse em usar o seu já escasso tempo com questões triviais. Surge, então, a nosso ver, a importância da empresa júnior.

Se, eventualmente, os professores não têm interesse em participar como agentes de transferência de tecnologia já desenvolvida, eles poderão utilizar os seus próprios alunos para essa finalidade com vantagens múltiplas, isto é, atende-se a empresa e melhora-se o processo de ensino-formação.

A empresa júnior é uma associação civil, sem fins lucrativos, constituída por alunos de graduação, que presta serviços e desenvolve projetos em sua área de atuação, sob a supervisão de professores, para empresas, entidades e a sociedade em geral.

Os principais objetivos de uma empresa júnior são:

- proporcionar ao estudante aplicação prática de conhecimentos teóricos, relativos à área de formação profissional específica;
- desenvolver o espírito crítico, analítico e empreendedor do aluno;
- intensificar o relacionamento empresa-universidade;
- facilitar o ingresso de futuros profissionais, colocando-os em contato direto com o seu mercado de trabalho;

- contribuir com a sociedade, prestando serviços e proporcionando ao empresário das micro, pequenas e médias empresas um trabalho de qualidade a preços acessíveis;
- valorizar a instituição de ensino como um todo no mercado de trabalho.

A empresa júnior tem a natureza de uma empresa real, com diretoria executiva, conselho de administração, estatuto e regimentos próprios, com uma gestão autônoma em relação à direção da faculdade (ou departamento), centro acadêmico ou qualquer outra entidade acadêmica.

O programa Disque-universidade cumpre importante papel na dinamização e no desenvolvimento de empresas juniores.

Programa "Balcão de Teses"

O programa Balcão de Teses representa uma das mais importantes atribuições a serem executadas pelo órgão gestor das relações da universidade com a sociedade.

O órgão gestor geralmente realiza atividades que lhe são típicas, como a assistência jurídica na interação com o setor empresarial, a assistência na formulação de pedidos de patentes, a intermediação de acordos de transferência de tecnologia, de prestação de serviços, de consultoria, bem como a coordenação das atividades de formação continuada, promovendo cursos para empresas, por exemplo. Além dessas atividades, deve realizar a gestão de um programa específico para divulgar às empresas as idéias desenvolvidas no ambiente acadêmico.

É necessário um alto grau de agressividade da universidade na divulgação de seus projetos, e, para isso, ela precisa contar com profissionais especializados para os contatos com as empresas. Esse programa deve ser encarregado de levantar e divulgar o potencial tecnológico da universidade.

A despeito do nome "Balcão de Teses", o programa deve manter uma base de dados de todas as pesquisas desenvolvidas na universidade, incluindo projetos de estudantes, protótipos desenvolvidos, ensaios realizados etc., e não apenas teses acadêmicas. Todos esses trabalhos fazem parte de um verdadeiro catálogo de produtos e serviços que a universidade pode desenvolver. Nele, devem constar não apenas os produtos e serviços que a própria universidade considera úteis ou modernos, mas todos aqueles que provavelmente as empresas desconhecem e necessitam e que a universidade pode desenvolver. Deve-se evitar que esse banco de dados, ou catálogo, objetive demonstrar para outras universidades o quanto esta ou aquela universidade é inovadora e detentora de conhecimentos de alto nível. Pesquisas provaram que as soluções para atender as necessidades das empresas passam apenas pela melhor gestão da tecnologia já existente.

A interação da universidade com seu meio envolvente, em particular mediante a prestação de serviços, não terá êxito se não houver a identificação das necessidades tecnológicas do meio que sejam compatíveis com os interesses institucionais da universidade. Por essa razão, é muito importante que, paralelamente à divulgação de produtos e serviços, o programa realize constantemente a prospecção dos problemas que as empresas possuem e procure encaminhá-los a quem possa resolver.

Uma vez decidida a estabelecer relações com a empresa, a universidade não deve ter o pudor de assumir que essa relação tenha de ser pragmática e orientada para o mercado. Para tanto, é preciso detectar as necessidades da empresa, mesmo que estas apresentem reduzido desafio científico.

Ao realizar a prospecção dos problemas que as empresas possuem, a universidade estará adotando realmente uma atitude pró-ativa de relacionamento e colaboração com o meio envolvente e, dessa forma, buscando o desenvolvimento da região onde está inserida.

Estrutura operacional para obtenção de inovações tecnológicas a partir da universidade

Apresenta-se, na Figura 6.1, a estrutura operacional necessária para que se minimizem as barreiras apontadas como as de maior grau de importância e, dessa forma, desenvolvam-se em maior quantidade e melhor qualidade as atividades de interação entre a empresa e a universidade, visando a obtenção de inovações tecnológicas. Essa estrutura procura responder a eterna questão de como a universidade pode satisfazer a empresa nas suas necessidades de curto prazo, como ter acesso ao conhecimento e às tecnologias já desenvolvidas, sem causar prejuízo às missões fundamentais de ensino e pesquisa.

Não se pretende, de forma alguma, menosprezar a importância do relacionamento de longo prazo entre a universidade e a empresa. É importantíssima a realização de pesquisa a longo prazo, desvinculada de objetivos imediatistas ou de rotina, para que a pesquisa científica não perca sua característica fundamental de criação de novo conhecimento. É exatamente no relacionamento a longo prazo que se constituem desafios intelectuais para a universidade e que se induz, indiretamente, o processo

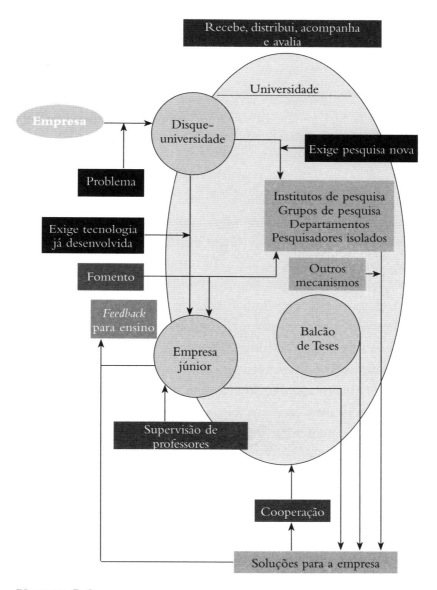

Figura 6.1
Estrutura operacional para atendimento das necessidades da empresa.

criativo na empresa. Já se mostrou, neste livro, a importância de que a própria empresa tenha condições de desenvolver tecnologia. Não só de desenvolver, mas de trabalhar, manusear, alterar e melhorar tecnologias recebidas.

É possível entender que a prestação de serviços simples, a transferência de conhecimentos e tecnologia já desenvolvida e a realização de cursos simples podem ser, acima de tudo, as chaves para abrir as relações e, a partir daí, se buscar o relacionamento a longo prazo, profícuo para a própria universidade e capaz de transformar o perfil de empresas seguidoras passivas de tecnologia em criadoras ativas de tecnologia.

O fato de os blocos da figura contemplarem majoritariamente as ações por parte da universidade na estrutura proposta para a maximização da interação entre universidade e empresa não deve ser motivo de estranhamento. A universidade é que deve envidar esforços para essa maximização. A criação, a transferência e a difusão de novos conhecimentos, embora aconteçam também na empresa, como demonstrado neste livro, são, por excelência, atribuições da universidade. Nada mais justo, portanto, que da universidade advenham propostas para a solução do problema principal. Cabe não só à empresa, mas ao Governo e à sociedade, como um todo, exigir e apoiar tais iniciativas.

Nessa estrutura, é possível observar a existência de mecanismos importantes, já comentados anteriormente; entretanto, destaca-se a presença do programa disque-universidade que, além de constituir o canal de acesso à universidade, distribui, acompanha e avalia os projetos resultantes da solicitação advinda da empresa. Destaca-se também a presença da empresa júnior e do programa Balcão de Teses como estruturas necessárias. A atuação conjunta destes e dos demais mecanismos já explanados possibilita que a universidade, em sua performance regional, atenda às reais necessidades das empresas que estão em sua área de influência sem causar prejuízo ao ensino e à pesquisa.

Considerando a atuação da universidade, entende-se que aquelas situadas em regiões pouco favorecidas economicamente não devem seguir cegamente o modelo dos países industrializados, em detrimento das necessidades regionais da indústria, da agricultura, da saúde e da educação. A universidade, principalmente a pública, tem essência e missão próprias, ligadas a seu compromisso social, e não pode, por isso, ser confundida com qualquer outro tipo de instituição nem se submeter indiscriminadamente à lógica de mercado imposta por modelos econômicos.

Evidentemente, conforme já comentado ao longo deste livro, este enfoque final sobre a importância da transferência de conhecimento e de tecnologia já desenvolvida, disponibilizada e ainda não difundida na empresa, não implica que a universidade se submeta à imposição do mercado e relegue a segundo plano a pesquisa fundamental para a criação de novos conhecimentos, uma de suas missões fundamentais e que caracteriza uma verdadeira universidade. Por intermédio da estrutura operacional apresentada, a atuação da universidade pode contemplar as duas vertentes, bastando para isso utilizar adequadamente os recursos humanos e materiais de que dispõe. É possível compatibilizar a independência acadêmica e a cooperação com o setor empresarial.

O objetivo é que a universidade não deixe de olhar por sobre os muros que a circundam e perceba qual é a verdadeira realidade na qual está inserida, por vezes composta por uma população empresarial com índices alarmantes de analfabetismo científico e tecnológico para a qual as necessidades mais imediatas passam pela transferência de conhecimentos básicos.

Questões para debate em grupo

1) O grupo de trabalho deve ser dividido em dois. Um deles apoiará a tese de que a universidade deve se preocupar com a criação do conhecimento, independentemente da necessidade das empresas locais. O outro apoiará a tese de que a universidade deve preocupar-se em atender necessidades imediatas das empresas, mesmo que tais necessidades não constituam desafios intelectuais à universidade. A partir da solicitação de perguntas e respostas, de um grupo a outro, poderão ser promovidos debates de consolidação do aprendizado.

2) Comentar a importância das oito fases necessárias para que a cooperação entre universidades e empresas aconteça de forma eficaz. Por que essas fases devem ser seguidas em ordem cronológica? O que pode acontecer se qualquer das fases não for contemplada no processo?

3) Comentar a importância de se seguir os "degraus da parceria". Exemplificar casos reais em que não houve sucesso na cooperação porque os "degraus" não foram seguidos.

4) Debater com os participantes do grupo a criação de outros mecanismos para a fase de aproximação entre universidade e empresa visando ao degrau do conhecimento mútuo.

5) Debater com os participantes do grupo a criação de outros mecanismos para a fase de interação entre universidade e empresa visando ao degrau da confiança mútua.

6) Relatar casos de inovações tecnológicas de sucesso, obtidas a partir da cooperação universidade-empresa.

7
CULTURA ORGANIZACIONAL PARA A INOVAÇÃO

O INTRA-EMPREENDEDORISMO

O intra-empreendedorismo, ou empreendedorismo corporativo, ainda não é um conceito muito utilizado na prática pelas organizações. Intra-empreendedor (*intrapreneur*) ou empreendedor interno é aquele que, a partir de uma idéia, e recebendo liberdade, incentivo e recursos da empresa onde trabalha, dedica-se em transformar esta idéia num produto de sucesso.[88]

Um funcionário pode ser empreendedor dentro da própria organização; não precisa deixar a empresa onde trabalha para vivenciar as emoções, os riscos e as gratificações que uma idéia transformada em realidade pode oferecer.[127] Na verdade, este é o detalhe principal desta noção: estes colaboradores não precisam correr os riscos de deixar a empresa onde trabalham para transformarem seus sonhos em realidade, diferentemente do empreendedor convencional, que, muitas vezes, tem de apostar todas as suas "fichas" em um empreendimento de alto risco para sentir-se útil e valorizado.

As organizações devem implantar o intra-empreendedorismo na sua cultura. Pessoas inovadoras e com iniciativa devem ser apoiadas porque são agentes de mudança e esperança para o futuro. Apesar de muitas mudanças já terem sido introduzidas nos sistemas de gestão de pessoas no trabalho, ainda há muito a fazer no sentido de transformar funcionários-padrão em intra-empreendedores.[11]

Adotar uma cultura intra-empreendedora é, para a empresa, investir no seu próprio sucesso perante seu mercado de atuação, pois os colaboradores intra-empreendedores geram inovações contínuas dentro das organizações, as quais podem gerar inúmeras vantagens competitivas. O principal objetivo do intra-empreendedorismo, ou do empreendedorismo corporativo, é, portanto, a promoção da inovação contínua por meio das pessoas, as quais criam vantagens competitivas e mantêm estas empresas numa situação de liderança tecnológica sustentável.

A idéia do intra-empreendedorismo está intimamente ligada aos conceitos de inovação, tendo em vista inclusive que estes conceitos propõem atividades que estão à margem da rotina organizacional, ou seja, propõem sempre atividades inovadoras.[114] E à margem da rotina da organização, surge também o conceito do "ócio criativo", defendido por De Masi, que sugere a inclusão de tempos de lazer no horário de trabalho, durante os quais as pessoas podem gerar novas idéias e, conseqüentemente, promoverem inovações para as empresas.[25]

No tocante às características pessoais dos intra-empreendedores, a visão de Pinchot e Pellman[89] converge com o conceito de inteligência emocional, defendido por Goleman[46], em que ambos tratam da necessidade de as pessoas terem capacidade de relacionamento interpessoal para obterem sucesso e alcançarem a auto-realização, ou seja, serem dotados de empatia que as tornem capazes de conhecer suas próprias emoções, lidar com elas, motivar-se, e reconhecer as emoções nos outros.

O intra-empreendedor precisa ser dotado, então, da chamada "inteligência emocional", porque terá de liderar equipes, convencer as pessoas da importância de suas idéias e se relacionar com elas da melhor forma possível. Mas, para que existam intra-empreendedores nas empresas, o requisito fundamental é a criação de um ambiente favorável, no qual exista um clima e uma cultura intra-empreendedora adequados.

A pessoa intra-empreendedora possui as seguintes características:

- gostar de liberdade;
- ser motivada;
- reagir às recompensas e aos reconhecimentos;
- estabelecer metas de 5 a 15 anos;
- estabelecer cronogramas corporativos ou auto-impostos;
- saber delegar, mas também ser executor;
- possuir habilidades semelhantes aos empreendedores;
- ser autoconfiante e corajosa;
- ter atenção aos riscos e às necessidades;
- focalizar os clientes;

- gostar de riscos moderados;
- não temer ser demitida.

Entretanto, o que ocorre na maioria das vezes é que pessoas com as características intra-empreendedoras são cerceadas da aplicação prática de suas idéias e, ainda pior, não recebem incentivos para colocar seus conhecimentos em prática nas grandes organizações. Muitos desses funcionários deixam as corporações não porque consideram seus salários e benefícios insuficientes, mas porque se sentem frustrados em suas tentativas de inovar.[88] Eles valorizam mais a autonomia para agir do que as eventuais compensações financeiras.

Mesmo a empresa sendo dotada de máquinas, equipamentos, prédios, instalações, tecnologia e vários outros recursos físicos ou materiais, não tem garantia de êxito. Sozinhos, esses recursos não a fazem funcionar nem atingir plenamente seus objetivos. Uma cultura intra-empreendedora dotada de formas de incentivos ao compartilhamento das idéias das pessoas que compõem a organização para a promoção de inovações contínuas mostra-se como requisito fundamental na busca do sucesso.

A tese de que o empreendedorismo é produto de herança genética não encontra mais seguidores nos meios científicos. Evidencia-se a possibilidade de ensinar o empreendedorismo às pessoas, desde que dentro de um sistema especial, bastante diferente do ensino tradicional.[27] É possível, portanto, que as organizações ensinem seus colaboradores a serem empreendedores sem sair da empresa, criando uma cultura organizacional intra-empreendedora.

Organizações que possuem culturas intra-empreendedoras podem, inclusive, fazer surgir dentro de si novas organizações, tamanha é a capacidade inovadora dos intra-empreendedores. O difícil não é ter boas idéias, mas transformá-las em realidades rentáveis; e para isso, os empregados devem se comportar como empreendedores dentro das organizações.[89]

A falta de intra-empreendedores em uma organização não é conseqüência apenas de más contratações, mas sim fruto da inexistência de patrocinadores que os protejam e estimulem. Dessa forma, poucos ousam se lançar às inovações.[89] É necessário que as empresas deixem suas formas tradicionais de administrar e se voltem para o incentivo às pessoas que querem empreender dentro das grandes organizações.[28]

A cultura intra-empreeendedora deve ser realmente organizacional, isto é, deve estar disseminada por toda a organização. Não deve ser composta por ações isoladas e esporádicas ou oferecida a poucos. Os benefícios e incentivos devem ser amplamente disponibilizados e divulgados entre todos os que compõem a empresa. Somente com um trabalho realmente de equipe é que surgirão bons resultados e a existência de uma cultura intra-empreendedora. Enfim, o conceito de intra-empreendedorismo tem-se mostrado como um tema importante e emergente para as organizações que pretendem liderar os mercados nos quais atuam, devendo ser cada vez mais estudado e praticado.

AVALIAÇÃO DA CULTURA INTRA-EMPREENDEDORA

Segundo Pinchot e Pellman, existem dezenove fatores considerados condições necessárias para se obter a inovação na empresa.[89] São eles:

1. Transmissão da visão e do objetivo estratégico.
2. Tolerância a riscos, erros e falhas.
3. Apoio a intra-empreendedores.
4. Gerentes que patrocinam a inovação.
5. Equipes multifuncionais dotadas de autonomia.
6. Tomada de decisão pelos executores.
7. Tempo discriminado.
8. Atenção no futuro.
9. Auto-seleção.
10. Nenhuma transferência de tarefas.
11. Inexistência de fronteiras.
12. Comunidade organizacional forte.
13. Foco nos clientes.
14. Escolha de fornecedores internos.
15. Medição da inovação.
16. Transparência e verdade.
17. Bom tratamento pessoal.
18. Responsabilidades social, ambiental e ética.
19. Evitar a filosofia *home run* (busca apenas de inovações maiores).

A empresa deve estabelecer uma forte relação direta entre o empreendedorismo e a estratégia corporativa. Ou seja, os objetivos estratégicos da empresa devem estar devidamente alinhados com o ambiente de suporte ao empreendedorismo corporativo, motivando os funcionários a serem empreendedores dentro da organização.[28] Dornelas analisa este clima para a inovação chamando-o de ambiente de suporte ao empreendedorismo corporativo[28] e também apresenta alguns indicadores, chamados de "ingredientes" para que exista na organização uma cultura voltada para o intra-empreendedorismo, ou empreendedorismo corporativo:

- desenvolver uma visão empreendedora;
- incentivar e aprimorar a percepção da oportunidade;
- institucionalizar a mudança;
- alimentar o desejo de ser inovador;
- investir nas idéias das pessoas;
- compartilhar riscos e recompensas com os funcionários;
- reconhecer que o ato de falhar é crítico, mas importante.

Além de implementar os ingredientes citados acima, é importante superar as barreiras que geralmente existem nas organizações em oposição à boa prática do empreendedorismo corporativo. Algumas das principais barreiras são:

- sistemas de avaliação e recompensa mal formulados;
- sistemas opressores e punitivos;
- sistemas de planejamento inflexíveis;
- estrutura organizacional com muitos níveis hierárquicos;
- comunicação deficiente;
- falta de metas, comprometimento e visão;
- excesso de burocracia;
- resistência à mudança;
- orientação ou foco a curto prazo.[28]

O fomento ao empreendedorismo corporativo, incentivando os funcionários a superarem tais obstáculos, é fundamental para uma empresa que quer promover inovações tecnológicas e obter vantagens competitivas.

Alguns grupos de indicadores surgem como requisitos fundamentais para toda e qualquer organização que deseje formar uma cultura intra-empreendedora adequada e promover inovações tecnológicas a partir dos seus próprios funcionários. De acordo com Pinchot e Pellman[89], podem-se estruturar oito grandes grupos de indicadores para que se possibilite uma avaliação da cultura intra-empreendedora nas organizações.

1. Comunicação.
2. Processo decisório.
3. Incentivos/motivação.
4. Recompensas.
5. Autonomia.
6. Liderança.
7. Equipes.
8. Controle/mensuração.

Estes grupos estariam compostos da seguinte forma:

1. *Comunicação*

No grupo "Comunicação", são abordados os indicadores referentes à visão da empresa, ao planejamento estratégico, aos objetivos, às metas, ao foco no cliente, às decisões e aos programas de incentivo e como tudo isso é realmente divulgado aos funcionários da organização. Esses valores devem estar disseminados por toda a organização. São as pessoas que fazem as coisas acontecerem na empresa, portanto elas precisam estar cientes das estratégias adotadas pelos gestores. Se isso não ocorre, elas se sentirão alienadas do processo decisório e desmotivadas a compartilhar suas idéias. Essa disseminação pode ser realizada por meio de processos de socialização que, conforme visto no Capítulo 1, é a primeira etapa para a criação do conhecimento na empresa.

2. Processo decisório

Nesse grupo, são avaliados indicadores como, por exemplo, o foco de prazos nos quais os gestores da organização atuam. A visão de curto prazo não deve ser estimulada nos processos decisórios. Uma empresa intra-empreendedora tem de estar voltada para o longo prazo, para que as pessoas percebam que os gestores têm visão de futuro.

A gestão baseada na responsabilidade social e ambiental também é importante – a responsabilidade dos gestores em cumprirem com o que prometem através da visão, da missão, das estratégias da empresa também são requisitos fundamentais para criar credibilidade entre os colaboradores.

3. Incentivos/motivação

Este talvez seja o grupo de indicadores mais importante para uma empresa ser intra-empreendedora. Sem incentivos, dificilmente as pessoas vão agir. Um plano de incentivos ao compartilhamento de idéias entre os funcionários e a organização é imprescindível para uma cultura intra-empreendedora sustentável. Mas este compartilhamento, peça fundamental da gestão do conhecimento nas organizações, só se manterá vivo e ativo na organização se as pessoas forem constante e continuamente incentivadas.

Erros e fracassos na tentativa de gerar uma inovação não podem ser punidos, como ocorre em grande parte das empresas. É importante estimular os funcionários a continuar tentando coisas novas mesmo que haja erro. Deve-se reconhecer que falhar pode ser perigoso, mas é muito importante, pois representa possibilidade de auto-avaliação e conseqüente melhoria.

Outro indicador a ser avaliado neste grupo são os incentivos às mínimas inovações. Os gestores devem evitar a filosofia *home run*, que valoriza apenas grandes inovações.[89] Pequenas inovações incrementais que, conforme visto no Capítulo 2, são pequenas melhorias ou modificações nos processos e/ou produtos, devem ser estimuladas. Também devem ser disponibilizados momentos específicos para que os funcionários coloquem em prática sua criatividade.

4. Recompensas

Pouco adianta promover todos os incentivos citados se, após gerarem inovações, as pessoas não receberem nenhum tipo de recompensa. Isso as desestimularia a continuar inovando. Portanto, as mínimas inovações ou melhorias devem ser recompensadas de alguma forma, seja financeira, psicológica ou social. Igualmente, propõe-se que as pessoas permaneçam trabalhando em seus novos projetos mesmo depois que sejam implantados.[89]

5. Autonomia

Planos de incentivos e planos de recompensas são importantes, mas seriam inúteis sem liberdade para os colaboradores inovarem. Autonomia para agir, fácil acesso aos recursos, liberdade para trabalhar em novos projetos e possibilidade de compartilhar os riscos são outros indicadores propostos para criar a cultura da inovação.

6. Liderança

Numa empresa intra-empreendedora, todos os funcionários devem ser treinados para serem líderes.[89] Todos devem estar permanentemente aptos para assumir as funções de seus superiores imediatos caso estes precisem se ausentar por qualquer motivo.

7. Equipes

Senso de comunidade, cooperação total entre todos, formação de equipes multifuncionais para realizar os vários projetos – tudo isso é fundamental para que intra-empreendedores sejam motivados nas organizações. As equipes multifuncionais são fundamentais para o compartilhamento do conhecimento na organização e para manter o comprometimento das pessoas com a inovação. Empresas nas quais predominam o senso de equipe, a cooperação e o sistema ganha-ganha favorecem também o surgimento dos Verdadeiros Líderes da Mudança (*Real Change Leaders* – RCL), que são pessoas estimuladas a gerar inovações internamente.[51]

8. Controle/mensuração

As inovações geradas pelos funcionários devem ser constantemente monitoradas e controladas, para que possam ser avaliadas e, a partir daí, as pessoas possam ser devidamente recompensadas.[6] Esta atitude mantém os funcionários motivados a inovar cada vez mais, pois assim compreendem que a empresa valoriza suas idéias.

A Figura 7.1 mostra a seqüência de atitudes a serem adotadas pelos gestores das organizações a fim de implantar adequadamente uma cultura intra-empreendedora em busca da inovação contínua. Cada etapa demonstrada na figura é composta dos vários indicadores (ou ingredientes) propostos.

O ciclo para a criação de uma cultura intra-empreendedora deve iniciar pela completa disseminação das estratégias organizacionais por toda a organização, por meio de um efetivo programa de comunicação dos valores da empresa. Além disso, o processo decisório deve conter planejamentos de longo prazo e estar baseado em atitudes de responsabilidade social, ambiental e ética. Programas de incentivos ao compartilhamento de idéias devem ser amplamente aplicados e difundidos na organização. Dotando as equipes e os líderes de autonomia para agirem, as inovações surgirão, e deverão ser recompensadas. Estas inovações continuamente monitoradas realimentam a comunicação e o processo decisório, dando continuidade e sustentabilidade à cultura intra-empreendedora.

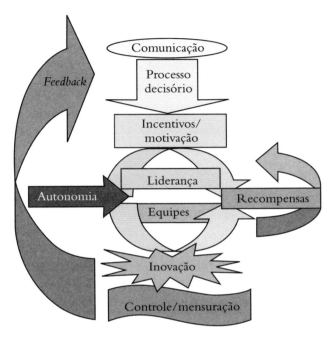

Figura 7.1
A cultura intra-empreendedora nas organizações.

Questões para debate em grupo

1) Criar um formulário capaz de avaliar a existência ou não de cultura organizacional para a inovação, a partir dos indicadores apresentados.

2) Aplicar o questionário em empresas a serem definidas, por setor de atividade ou por tamanho.

3) Estabelecer um *ranking* de empresas com cultura voltada para a inovação.

4) Realizar um estudo de caso nas empresas melhor posicionadas no *ranking* com o objetivo de estabelecer um *benchmarking* de cultura para a inovação.

REFERÊNCIAS BIBLIOGRÁFICAS

1. ALMEIDA, H. S. "Um estudo do vínculo tecnológico entre pesquisa, engenharia, fabricação e consumo". São Paulo, 1981. 163p. Tese de Doutorado em Administração de Empresas. Escola Politécnica, Universidade de São Paulo (USP).
2. ARROW, K. J. "Economic welfare and the allocations of resources for inventions". In: NELSON, R. (ed.). *The rate and direction of inventive activity*. Princeton, Princeton University Press, 1962.
3. BAILETTI, A. J. & CALLAHAN, J. R. "Assessing the impact of university interactions on an R&D organization". In: *R&D Management*. v.2, n.22, 1993. p.145-56.
4. BARATELLI, F. et al. "Administrando o processo de inovação tecnológica". In: SBRAGIA, R.; MARCOVITCH, J. & VASCONCELLOS, E. (orgs.). *Anais do XVIII Simpósio de Gestão da Inovação Tecnológica*. São Paulo, USP, 1994. p.117-32.

5. BARBOSA, E. J. S. & BUFFOLO, L. F. G. *Projeto Disque-tecnologia.* 1995. (mimeo)

6. BARNES, B. & EDGE, D. (eds.). *Science in context.* Milton Keynes, Open University Press, 1987.

7. BARROS, M. M. et al. "Implantação de inovações tecnológicas na produção de edifícios". In: SBRAGIA, R.; MARCOVITCH, J. & VASCONCELLOS, E. (orgs.). *Anais do XIX Simpósio de Gestão da Inovação Tecnológica.* São Paulo, USP, 1996. p.260-81.

8. BOHME, G. et al. (eds.). *Finalisation in science. The social orientation of scientific progress.* Dordrecht/Holland, D. Reidel, 1983. p.3-11.

9. BONACCORSI, A. & PICCALUGA, A. "A theoretical framework for the evaluation of university-industry relationships". In: *R&D Management.* v.24, n.3, 1994. p.229-47.

10. BRANSCOM, L. M. "Does America need a technology policy?". In: *Harvard Business Review.* v.70, n.2, 1992. p.24-31.

11. BRUNO, F. S. & FILIPECKI, A. T. P. "A utilização de mapas conceituais para o desenvolvimento de competências intra-empreendedoras". In: *XV Encontro Nacional de Engenharia de Produção.* Porto Alegre, PUC - RS, 29/out a 1/nov, 2005.

12. CAMPOS, R. R. "O paradigma tecnológico da indústria de carnes". In: SBRAGIA, R.; MARCOVITCH, J. & VASCONCELLOS, E. (orgs.). *Anais do XIX Simpósio de Gestão da Inovação Tecnológica.* São Paulo, USP, 1996. p.282-99.

13. CARAÇA, J. M. G. *Ciência.* Lisboa, Difusão Cultural, 1997.

14. CARULLO, J. C. "Mercosur, ciencia, tecnología e innovación: una nueva etapa". In: SBRAGIA, R.; MARCOVITCH, J. & VASCONCELLOS, E. (orgs.). *Anais do XIX Simpósio de Gestão da Inovação Tecnológica.* São Paulo, USP, 1996. p.67-85.

15. CARVALHO, H. G. & REIS, D. "Ensinando e aprendendo com a gestão tecnológica". In: *Anais do VII Seminário de la Asociación Latinoamericana de Gestión Tecnológica.* Havana, Cuba, 26-29/out/1997.

16. CASTELLS, M. *The informational city*. Oxford, Basil Blackwell, 1991.
17. CLARK, N. "Similarities and differences between scientific and technological paradigms". In: *Futures*. v.19, n.1, 1987. p.26-42.
18. COHEN, W. M. & LEVINTHAL, D. A. "Absorptive capacity: a new perspective on learning and innovation". In: *Administrative Science Quartely*. v.35, 1990. p.128-52.
19. CONCEIÇÃO, P. & HEITOR, M. V. "Perspectivas sobre o papel da universidade na economia do conhecimento". In: *Colóquio Educação e Sociedade*. 1998. p.70-93.
20. CONCEIÇÃO, P.; HEITOR, M. V. & OLIVEIRA, P. "Expectations for the university in the knowledge-based economy". In: *Technological Forecasting Social Change*. v.58, n.3, 1998. p.203-14.
21. DAFT, R. L. & LENGEL, R. H. "Information richness: a new approach to manager information processing and organization design". In: STAW, B. & CUMMINGS, C. L. (eds.). *Research in organizational behaviour*. Greenwich, Conn., JAI Press, 1984.
22. DASGUPTA, P. & DAVID, P. "Toward a new economics of science". In: *Research Policy*. v.23, n.5. Amsterdã, North-Holland, 1994. p.487-521.
23. DAVENPORT, T. H. *Process innovation: reengineering work through information technology*. Boston, Harvard Business School Press, 1993.
24. DAVENPORT, T. H. & PRUSAK, L. *Working knowledge*. Boston, Harvard Business School Press, 1998.
25. DE MASI, D. *O ócio criativo*. Rio de Janeiro, Sextante, 2000.
26. DILL, D. D. "University/industry research collaborations: an analysis of interorganizational relationships". In: *R&D Management*. v.20, n.2, 1990. p.123-9.
27. DOLABELA, F. *O segredo de Luísa*. São Paulo, Cultura, 1999.
28. DORNELAS, J. C. A. *Empreendedorismo: transformando idéias em negócios*. Rio de Janeiro, Elsevier, 2001.

29. DOSI, G. "Technological paradigms and technological trajectories". In: *Research Policy.* v.11, n.3. Amsterdã, North-Holland, 1982. p.147-62.
30. _____. *Technical change and industrial transformation: the theory and an application to the semiconductor industry.* Londres, MacMillan, 1984.
31. _____. "Sources, procedures and microeconomic effects of innovation". In: *Journal of Economic Literature.* v.26, n.3, 1988. p.1.120-71.
32. DOSI, G.; PAVITT, K. & SOETE, L. *The economics of technical change and international trade.* Nova York, Harvester Wheatsheaf, 1990.
33. DRUCKER, P. F. "The discipline of innovation". In: *Harvard Business Review.* v.63, n.3, 1985.
34. _____. *The new realities.* Londres, Mandarin Paperbacks, 1990.
35. _____. *Sociedade pós-capitalista.* São Paulo, Pioneira, 1994.
36. ESCOSTEGUY, J. P. C. & CABRAL, A. S. "Um modelo sistêmico do processo de inovação tecnológica". In: SBRAGIA, R.; MARCOVITCH, J. & VASCONCELLOS, E. (orgs.). *Anais do XIX Simpósio de Gestão da Inovação Tecnológica.* São Paulo, USP, 1996. p.240-59.
37. ETZKOWITZ, H. "The second academic revolution: the role of research university in economic development". In: COZZENS, S. et al. (eds.). *The research system in transition.* Dordrech/Boston/Londres, Kluver Academic Publishers, 1990. p.109-24. (NATO ASI Series. Serie D: Behavioural and Social Sciences, lvii.)
38. FELLER, I. "The economics of technological change filtered through a social knowledge system framework". In: *Knowledge: Creation, Diffusion, Utilization.* v.9, n.2, 1987. p.233-53.
39. FREEMAN, C. *The economics of industrial innovation.* Londres, Pinter Publisher, 1982.

40. _____."Networks of innovations: a synthesis of research issues". In: *Research Policy.* v.20, n.5. Amsterdã, North-Holland, 1991. p.499-514.

41. FREITAS, J. B. "Notas de aula no curso de Especialização de Agentes de Inovação Tecnológica". Curso promovido pelo SEBRAE, UnB, ABIPTI e CNPq. Brasília, 1993. (mimeo)

42. GARRAT, B. *The learning organization.* Nova York, Harper Collins, 1994.

43. GEISLER, E. & RUBENSTEIN, A. H. "University-industry relations: a review of major issues". In: LINK, A. N. & TASSEY, G. *Co-operative research and development: the industry-university-government relationship.* Boston, Kluwer Academic Publishers, 1989.

44. GIBBONS, M. et al. *The new production of knowledge: the dynamics of science and research in contemporary societies.* Londres, Sage Publications, 1994.

45. GIBBONS, M. & JOHNSTON, R. "The roles of science in technological innovation". In: *Research Policy.* v.3, n.3. Amsterdã, North-Holland, 1974. p.220-42.

46. GOLEMAN, D. *Inteligência emocional: a teoria revolucionária que redefine o que é ser inteligente.* Rio de Janeiro, Objetiva, 2001.

47. GONÇALVES NETO, C. *Colaboração universidade-indústria no Reino Unido* (Relatório técnico n.111). Rio de Janeiro, UFRJ, 1987.

48. GONZALEZ, R. L.; MARTINEZ, R. & NUÑEZ, I. "La difusión de biotecnología en México: una perspectiva evolutiva". In: SBRAGIA, R.; MARCOVITCH, J. & VASCONCELLOS, E. (orgs.). *Anais do XIX Simpósio de Gestão da Inovação Tecnológica.* São Paulo, USP, 1996. p.740-58.

49. HALL, P. *Innovation, economics an evolution.* Nova York, Harvester Wheatsheaf, 1994.

50. HAMEL, G. & PRAHALAD, C. K. *Competindo pelo futuro: estratégias inovadoras para obter o controle do seu setor e criar mercados de amanhã.* Rio de Janeiro, Elsevier, 1995.

51. HARTMAN, A. et al. "Um estudo de caso na indústria de fertilizantes sobre a importância dos Verdadeiros Líderes da Mudança (*Real Change Leaders* – RCL) na promoção da inovação tecnológica". In: *XXV Encontro Nacional de Engenharia de Produção*. Porto Alegre, PUC-RS, 30/out a 1/nov/2005.

52. HEIDE, J. B. & JOHN, G. "Alliances in industrial purchasing: the determinants of joint action in buyer-seller relationships". In: *Journal of Marketing Research*. v.27, 1990. p.24-36.

53. HELMANN, J. L. "Process innovation through technical co-operation". In: HAKAN, H. (ed.). *Industrial technological development. A network approach*. Londres, Croom Helm, 1987.

54. HILL, C. T. *Technological innovation for a dynamic economy*. Nova York, Pergamon Press, 1983.

55. HOLLANDA, S. "Notas de aula no curso de Especialização de Agentes de Inovação Tecnológica". Curso promovido pelo SEBRAE, UNB, ABIPTI e CNPq. Brasília, 1992. (mimeo)

56. IRVINE, J. & MARTIN, B. R. "Assessing basic research; the case of the Isaac Newton telescope". In: *Social Studies of Science*. v.13, n.1, 1983. p.49-86.

57. _____. *Foresight in science: picking the winners*. Londres, Pinter Publishers, 1984.

58. JAPIASSÚ, H. F. *O mito da neutralidade científica*. Rio de Janeiro, Imago, 1975.

59. KLINE, S. J. & ROSENBERG, N. "An overview of innovation". In: LANDAU, R. & ROSENBERG, N. (eds.). *The positive sum strategy*. Nova York, National Academy Press, 1986.

60. KODAMA, F. "Technology fusion and the new R&D". In: *Harvard Business Review*. jul-ago/1992. p.70-8.

61. KONDRATIEV, N. *The long wave cycle*. Nova York, Richardson and Snyder, 1984.

62. KUHN, T. *The structure of scientific revolutions.* Chicago, Chicago University Press, 1962.
63. LARANJA, M.; SIMÕES, V. C. & FONTES, M. *Inovação tecnológica – experiências das empresas portuguesas.* Lisboa, Texto, 1997.
64. LEVIN, R.; COHEN, W. & MOWERY, D. "R&D appropriability, opportunity and market structure: new evidence on some schumpeterian hypotheses". In: *American Economic Review.* v.2, n.2, 1985. p.20-4.
65. LÓPEZ-MARTINEZ, R. et al. "Motivations and obstacles to university-industry co-operation: a mexican case". In: *R&D Management.* v.24, n.1, 1994. p.17-31.
66. LUUKKONEN-GRONOW, T. "Scientific research evaluation: a review of methods and various contexts of their application". In: *R&D Management.* v.17, n.3, 1987. p.207-21.
67. MALECKI, E. J. *Technology and economic development.* Burnt Mill, Longman, 1991.
68. MALERBA, F. & ORSENIGO, L. "Technological regimes and firm behaviour". In: *Proceedings of ASSI Conference on Organisation and Strategy in the Evolution of the Enterprise.* Milão, 3-4/out/1991.
69. MANSFIELD, E. et al. "Social and private rates of return from industrial innovations". In: *Quarterly Journal of Economics.* v.91, 1977. p.221-40.
70. MAYR, O. "The science-technology relationship". In: BARNES & EDGE (eds.). *Science in context.* Milton Keynes, The Open University Press, 1987. p.155-63.
71. MORIN, E. *Ciência com consciência.* Mem Martins, Publicações Europa-América, 1982.
72. MUESER, R. "Identifying technical innovation". In: *IEEE Transactions on Engineering Management.* v.EM-32, n.4, 1985. p.158-76.
73. NELSON, R. "The simple economics of basic scientific research". In: *Journal of Political Economy.* v.67, 1959. p.297-306.

74. NELSON, R. & ROMER, P. "Science, economic growth and public policy". In: SMITH, B. L. R. & BARFIELD, C. E. *Technology, R&D and the economy*. Washington D.C., Brookings, 1996.
75. NELSON, R. & WINTER, S. "In search of a useful theory of innovation". In: *Research Policy*. v.6, n.1. Amsterdã, North-Holland, 1977.
76. _____. *An evolutionary theory of economic change*. Cambridge, Harvard University Press, 1982.
77. NETO, I. R. "Notas de aula do curso de Especialização de Agentes de Inovação Tecnológica". Curso promovido pelo SEBRAE, UnB, ABIPTI e CNPq. Brasília, 1992. (mimeo)
78. NONAKA, I. & TAKEUCHI, H. *Criação de conhecimento na empresa*. Rio de Janeiro, Campus, 1997.
79. OECD. ORGANIZATION FOR ECONOMIC CO-OPERATION AND DEVELOPMENT. *OECD proposed guidelines for collecting and interpreting technological innovation data: "Oslo Manual"*. Paris, OECD, 1992.
80. _____. *The measurement of scientific and technological activities: proposed standard practice for surveys of research and experimental development: "Frascati Manual"*. Paris, OECD, 1993.
81. OLIVER, C. "Determinants of interorganizational relationships: integration and future directions". In: *Academy of Management Review*. v.15, n.2, 1990. p.241-65.
82. PAREDES, L. A. "Gestión de la vinculación universidad-empresa: el caso de la Universidad del Zulia". In: SBRAGIA, R.; MARCOVITCH, J. & VASCONCELLOS, E. (orgs.). *Anais do XVIII Simpósio de Gestão da Inovação Tecnológica*. São Paulo, USP, 1994. p.341-60.
83. PAVITT, K. "Sectoral patterns of technical change: towards a taxonomy and a theory". In: *Research Policy*. v.13, n.6. Amsterdã, North-Holland, 1984. p.343-76.
84. _____. "The objectives of technology policy". In: *Science and Public Policy*. v.14, n.4, 1987. p.182-8.

85. _____. "What makes basic research economically useful?". In: *Research Policy.* v.20, n.2. Amsterdã, North-Holland, 1990. p.109-19.

86. PEREZ, C. "Microelectronics, long waves and world structural change". In: *World Development.* v.13, n.3. Science Policy Research Unit (SPRU), University of Sussex,1985.

87. _____. "The present wave of technical change: implications for competitive restructuring and international reform in developing countries". In: *The strategic planning department of World Bank.* Washington D.C., World Bank, 1989.

88. PINCHOT, G. Intrapreneuring: *por que você não precisa deixar a empresa para tornar-se um empreendedor.* São Paulo, Harbra, 1987.

89. PINCHOT, G. & PELLMAN, R. *Intra-empreendedorismo na prática: um guia de inovação nos negócios.* Rio de Janeiro, Campus, 2004.

90. PISANO, G. P. "The R&D boundaries of the firm. An empirical analysis". In: *Administrative Science Quarterly.* v.35, n.1, 1990. p.153-76.

91. PLONSKI, G. A. "Prefácio a la cooperación empresa-universidad en iberoamerica". In: PLONSKI, G. A. (ed.). *Cooperación empresa-universidad en Iberoamérica.* São Paulo, Programa CYTED, 1992. p.vii-xiv.

92. _____. "Cooperação empresa-universidade na Iberoamérica: estágio atual e perspectivas". In: SBRAGIA, R.; MARCOVITCH, J. & VASCONCELLOS, E. (orgs.). *Anais do XVIII Simpósio de Gestão da Inovação Tecnológica.* São Paulo, USP, 1994. p.361-76.

93. PORTER, M. *A vantagem competitiva das nações.* Rio de Janeiro, Campus, 1993.

94. PRICE, D. S. *Little science, big science.* Columbia, Columbia University Press, 1963.

95. _____. "Is technology historically independent of science? A study on statistical historiography". In: *Technology and culture.* v.6, n.4, 1965. p.553-68.

96. _____. "The relations between science and technology and their implications for policy formation". In: STRASSER, H. & SIMONS, H. (eds.). *Science and technology policies: yesterday, today and tomorrow.* Cambridge MA, Ballinger, 1973. p.149-72.

97. _____. *Science since Babylon.* 2.ed. Londres, Yale University Press, 1975.

98. QUINN, J. B. *Intelligent enterprise: a knowledge and service based paradigm for industry.* Nova York, The Free Press, 1992.

99. RATTNER, H. *Tecnologia e sociedade: uma proposta para os países subdesenvolvidos.* São Paulo, Brasiliense, 1980.

100. REIS, D. R. "Um laboratório de iniciação científica como ferramenta pedagógica no ensino tecnológico". In: *Tecnologia e Humanismo.* v.15, 1996. p.17-9.

101. _____. "Contributos para a melhoria da eficiência e da eficácia nas relações de cooperação entre universidades e pequenas e médias empresas industriais brasileiras". Aveiro, 2000. 370p. Tese de Doutorado em Gestão Industrial. Universidade de Aveiro, Portugal.

102. RIBAULT, J.-M.; MARTINET, B. & LEBIDOIS, D. *A gestão das tecnologias.* Lisboa, Publicações Dom Quixote, 1995.

103. ROSENBERG, N. *Tecnologia y economía.* Barcelona, Editorial Gustavo Gili S.A., 1979.

104. _____. *Some reflections on the interface between science and technology.* out/1986. (mimeo)

105. _____. "Why do companies do basic research (with their own money)". In: *Research Policy.* v.19. Amsterdã, North-Holland, 1990. p.165-74.

106. ROSENBERG, N. & NELSON, R. "The roles of universities in the advance of industrial technology". In: ROSENBLOOM, R. S. & SPENCER, W. J. *Engines of innovation.* Cambridge, MA, Harvard Business School Press, 1996.

107. ROSENTHAL, D. "PNI e capacidade tecnológica: uma tentativa de avaliação (sinopse)". In: SBRAGIA, R.; MARCOVITCH, J. & VASCONCELLOS, E. (orgs.). *Anais do XIX Simpósio de Gestão da Inovação Tecnológica*. São Paulo, USP, 1996. p.3-27.

108. ROTHWELL, R. & ZEGVELD, W. *Reindustrialization and technology*. Marlow, Longman, 1985.

109. RUEGG, W. "The tradition of the university in the face of the demands of the twenty-first century". In: *Minerva*. v.30, n.2, 1992.

110. RUIVO, B. "Science policies in Portugal in international perspective: 1967-1987". Manchester, 1991. 340p. Tese de Doutorado em Ciências. Faculty of Science, University of Manchester, Reino Unido.

111. _____. "Management of science and technology: instruments and procedures of science policy". In: *Cadernos Universidade Hoje*. Contributo n.3. Aveiro, Universidade de Aveiro, 1997.

112. SÁBATO, J. & BOTANA, N. "La ciencia y la tecnología en el desarrollo futuro de América Latina". In: *Revista de la Integración*. n.3, 1968. p.15-36.

113. SANT'ANNA, S.R. "*Spin-offs* universitários: um estudo exploratório". In: SBRAGIA, R.; MARCOVITCH, J. & VASCONCELLOS, E. (orgs.). *Anais do XVIII Simpósio de Gestão da Inovação Tecnológica*. São Paulo, USP, 1994. p.377-90.

114. SANTOS, S. A. et al. *Empreendedorismo de base tecnológica: evolução e trajetória*. Maringá, Unicorpore, 2005.

115. SBRAGIA, R.; MARCOVITCH, J. & VASCONCELLOS, E. (orgs.). *Anais do XIX Simpósio de Gestão da Inovação Tecnológica*. São Paulo, USP, 1996.

116. SCHMOOKLER, J. *Invention and economic growth*. Cambridge, Harvard University Press, 1966.

117. SCHUMPETER, J. *The theory of economic development*. Edição de 1961. Nova York, OUP, 1939.

118. SOLLEIRO, J. L. "Lo que hemos aprendido sobre la comercialización de tecnologías universitárias". In: *II Programa de treinamento para capacitar gestores da cooperação empresa-universidade/institutos de pesquisa (PROTEU)*. São Paulo, Cyted/USP, 1996.

119. STADLER, M. "R&D dynamics in the product life cycle". In: *Journal of Evolutionary Economics*. v.1, 1991. p.293-305.

120. TASSEY, G. "The functions of technology infrastructure in a competitive economy". In: *Research Policy.* v.20, n.4. Amsterdã, North-Holland, 1991. p.345-61.

121. TEECE, D. J. "Profiting from technological innovation: implications for integration, collaboration, licensing and public policy". In: *Research Policy.* v.6, n.15. Amsterdã, North-Holland, 1986. p.285-305.

122. _____. "Technological change and the nature of the firm". In: DOSI, G. et al. (eds.). *Technical Change Economy Theory*. Londres, Pinter Publishers, 1988.

123. TEIXEIRA, D. S. "Pesquisa, desenvolvimento experimental e inovação industrial: motivações da empresa privada e incentivos do setor público". In: MARCOVITCH, J. (coord.). *Administração em ciência e tecnologia*. São Paulo, Edgard Blucher, 1983. p.43-91.

124. TOBAR, E. T. "Cooperación empresa-universidad: casos internacionales". In: *Anais do segundo Curso Internacional de Gerencia de Tecnología*. Pereira, Colômbia, Editora da Universidade de Pereira, 1995.

125. TOFFLER, A. *Powershift: as mudanças do poder.* Rio de Janeiro, Record, 1994.

126. UNESCO. UNITED NATIONS FOR EDUCATION, SCIENCE AND CULTURE ORGANIZATION. *Introduction à l'analyse politique en science et technologie*. Paris, UNESCO, 1982.

127. URIARTE, L. R. "O perfil do empreendedor". In: *1º Encontro Nacional de Empreendedores*. Florianópolis, ENE/UFSC, 1999. p.126-32.

128. UTTERBACK, J. M. *Technological innovation for a dynamic economy.* Nova York, Pergamon Press, 1983.

129. _____. *Mastering the dynamics of innovation: how companies can seize opportunities in the face of technological change.* Boston, Harvard Business School Press, 1994.

130. VEDOVELLO, C. "Parques tecnológicos e a interação universidade-indústria". In: SBRAGIA, R.; MARCOVITCH, J. & VASCONCELLOS, E. (orgs.). *Anais do XIX Simpósio de Gestão da Inovação Tecnológica.* São Paulo, USP, 1996. p.384-98.

131. VEIGA, R. T. "Mensuração de aspectos qualitativos da demanda de software". In: SBRAGIA, R.; MARCOVITCH, J. & VASCONCELLOS, E. (orgs.). *Anais do XVIII Simpósio de Gestão da Inovação Tecnológica.* São Paulo, USP, 1994. p.247-66.

132. WALSH, V. M. & TOWNSEND, B. G. *Trends in invention and innovation in the chemical industry.* Report to SSRC, SPRU, University of Sussex, 1979. (mimeo)

133. WEBSTER, A. "International evaluation of academic-industry relations: contexts and analysis". In: *Science and Public Policy.* v.21, n.2, 1994. p.72-8.

134. ZIMAN, J. "What is happening to science?". In: COZZENS, S. et al. (eds.). *The research system in transition.* Dordrecht, Kluwer Academic Publishers, 1990. p.23-33. (NATO ASI Series.)

ÍNDICE REMISSIVO

A

abdução 56
agente
  de mudança 174
  de transformação 150
apropriação 43, 59, 61, 63-5, 68-9, 87, 91-3, 96-8, 116
aproximação 103-4, 106, 108, 110
arquétipo 49, 57, 58
atitude 186
  pró-ativa 168, 184
atritos 59
autoconhecimento 144-5, 147
autonomia 38, 51, 55-6, 59, 107, 125, 176, 178, 180, 183-4, 185
avaliação da pesquisa 130

B

Balcão de Teses 162, 166-7, 170
barreiras 139, 140, 142, 150, 168, 179
base tecnológica 139
Bonaccorsi 112, 114, 116, 122-4
burocracia 179

C

caos 48, 52, 55-6
  criativo 48, 52, 55-6
capacidade 44, 48, 69, 75, 79-81, 83, 86, 97, 102, 107, 108, 116, 119, 120, 122, 129, 137, 175, 177

de absorção 116
inovadora 177
tecnológica 79-81, 83, 97
capital intelectual 43
ciclo 41, 56, 61, 65, 120
   de vida 61, 120
ciência experimental 59
cientificação 36, 117
combinação 48, 50, 57
competitividade 42, 44, 75, 104, 119, 139-40, 142
comunicação 179, 184
conflitos 114, 125-7, 129
conhecimento 42-4, 48-50, 53, 55-6, 67, 103-4, 106-7, 110, 112-21, 125, 127-8, 131-5
   codificável 48
   específico 67
   explícito 44, 48, 107
   genérico 67
   implícito 43-4, 48
   tácito 42, 44, 48, 49, 50, 53, 55-6
conselho empresarial 155
contrapartida 122
contratam recursos humanos 86
cooperação 99, 103-5, 109-11, 115, 119, 123-4, 127, 130, 133
criação 168, 172
   de novo conhecimento 168
   conhecimento 172
criatividade 41-2, 162, 182
cudos 109
cultura 81, 174-7, 179, 180, 182-6
   empresarial 81
   intra-empreendedora 174, 175-7, 180, 182, 184-5

organizacional 176, 185
custos 44-6, 48, 57, 62, 64, 67-8, 83, 86, 90-2, 95, 97, 105-6, 114, 117, 119-21, 134, 158, 160-1, 164
   de acesso 97

D

dedução 56
degraus da parceria 151, 172
delegar 120
desenvolvimento 104-6
   econômico 104, 105
   tecnológico 105, 106
Dia da Indústria 151-2
diálogos 56
difusão 40, 42-3, 46, 49, 52, 59, 62, 66, 69, 79, 92, 113, 170
   do conhecimento 113
dimensão psicossociológica 113
disque-universidade 162, 164, 166, 170
disseminação do conhecimento 127, 131, 132
documentada 34
domínio 43, 79, 95-7
   de uma tecnologia 95
   do mercado 43
downsizing 42

E

empreendedorismo 173-4, 176-80
empresa júnior 165-6, 170
ensino superior 107
envolvimento 125
equipes 186

multifuncionais 183, 178
estágio 110, 153, 157, 158
  profissionalizante 110
estratégia 83-4, 98, 178, 184
  corporativa 178
  oportunista 98
  organizacional 184
  tecnológica 83-4
estrutura 112-3, 140
  organizacional 112-3, 140
  operacionais 140
ex-alunos 153, 154-6, 158, 160
exclusividade 66, 87, 90, 92-8
explícito 34
extensão universitária 141-2, 158
externalização 48-9, 56
extra-relações 101-2

F

feedback 147, 149, 157
flexibilidade 82-4
flutuação 48, 52-3, 56, 59
fontes 48-9, 64, 81, 85-6, 90, 97, 116, 121
  de aquisição 86
  de informação de qualidade, 90
  de inovação 81
  externas 116, 121
franchising 94
Frascati 40
fronteiras tecnológicas 117-8

G

gatekeeper 96
genérico 67

gestão 142, 148, 174
  da qualidade 142
  de pessoas 174
  eficiente 148
grau 48, 79, 87, 91, 93, 108
  de apropriação 87, 91, 93
  de domínio 48, 79, 108
grupos sociais 72, 73

H

hindsight 60

I

imaterial 34, 80, 130
implicitabilidade 59, 66
incremental 45, 47, 67
incubadora 161
independência acadêmica 172
indução 56
inibidores 59
inovação tecnológica 139, 143
integração 104, 111
integridade institucional 106-7
inteligência emocional 175
intenção 51, 55, 56, 57, 59
inter-relações 101-3, 136
interação 104, 108, 110-1, 116, 122-5, 127, 133, 135-6, 143, 150, 160, 164
  universidade-empresa 143, 150, 160, 164
internalização 48, 50
intra-empreendedorismo 173-4, 177, 179
intra-relações 101, 136

invenção 36, 41, 52, 54, 62, 131
invenções 131

J

joint venture 95
justificação 57

K

Kline 61-3

L

laissez-faire 111
learning organization 93
líderes da mudança 183
lucros 64. 82, 94

M

magnitude 60
make-or-buy 116
margem de lucro 57
market-pull 53-4, 56
marketing 84, 145, 147
  externo 147
  interno 145, 147
materializada 34
mecanismos 140, 143, 145-6,
  150-1, 154, 157, 160, 169-70, 172
  de aproximação 151
  de integração 151, 160
  de interação 151
meios de comunicação 128
melhoria 31, 42, 45-6, 49, 56,
  103, 146, 155, 157-8, 182
  de processo 46
  nas relações 103
mercado 36, 40-5, 49, 51, 53-7,
  62-4, 66, 68-71, 79, 81-5, 86-7,
  90-1, 96-7, 103, 107, 135, 141,
  152-4, 156, 161-2, 165-7, 171, 177
  de trabalho 107, 135, 152, 166
mesa-redonda 156
modelo mental 56
modo 2 47
motivações 110, 112-3, 115-6,
  119-21, 132, 134, 137, 140, 142,
  150
motivações para as empresas
  114-5, 134
mudança 38-9, 41, 43, 45-7, 49,
  83, 85-6, 100, 109, 115, 174, 179
  socioeconômica 109
  técnica 85
  tecnológica 46

N

neutralidade 32
níveis 54, 96
  de apropriação 96
  hierárquicos 54
Nonaka 41, 48, 51, 53-4, 56-7, 58

O

ócio criativo 174
oecd 40
oportunista 63
organização transitória 47

P

p&d 103, 108, 116, 119, 124, 131
paradigma 65-7, 69, 71, 82-3, 94, 111
 científico 66
 tecnológico 65-7, 69, 71
parceria universidade-empresa 143, 160
patentes 45, 64, 32, 36, 54, 80, 85, 86, 88, 93, 117, 131
pequenas e médias empresas 139, 66
performance 113, 130-1, 133
pesquisa 51, 61, 85, 100, 103, 105-11, 115-8, 120-4, 127-8, 130, 134-5, 142, 171
 básica 105, 130
 científica 100, 105, 110, 117, 130
 fundamental 51, 65, 85, 142, 171
pesquisador 109, 123, 135, 137
Piccaluga 112, 114, 116, 122-4
place 109
PMEs 83, 139, 164
política 52, 56, 59, 70, 84, 108, 110, 119, 143-4, 147
potencial tecnocientífico 100
preço 84
prestação de serviços 151, 159, 166-7, 170
previsibilidade 67
Price 36
procedimentos de coordenação 112-3, 123, 126

processo 168, 181, 184
 criativo 168
 decisório 181, 184
produtividade 67, 84
PROTAP 149
PROTEU 149
protótipos 58, 51, 120-1, 161, 167
proximidade geográfica 129

Q

qualidade 84, 86, 88, 90, 142, 145-7, 149, 154-9, 166, 168

R

radical 45, 46, 67
recompensas 126, 130, 175, 179, 183
recursos humanos 81, 86, 89, 104, 121, 127, 134, 141, 144, 149, 152-3, 156-7, 161, 171
rede 42, 71, 119
redundância 48, 53, 55, 56, 58-9
relações empresariais 143-4, 155
representante da indústria 155
research universities 107
riscos 173, 175-6, 178-9, 183
Rosenberg 63, 65
royalties 105, 148, 161
rupturas 59, 91, 94
 tecnológica 55, 91

S

saber fazer 34
SAPPHO 60

science-push 53, 54, 56, 73
segunda revolução acadêmica 105, 137
show-room 160
socialização 48, 55, 181
sociedade do conhecimento 41
spin-offs 65, 131

T

tácito 34
Takeuchi 48, 51, 53, 56-8
taxonomia 112-3
technological regime 65
tecnocientífica 100-2, 136
tecnocientífico 100
tecnologia 34, 80
  documentada 34, 80
  imaterial 34
  materializada 34
tempo 60-3, 35, 39, 62, 64, 102, 108, 117-21, 126, 131, 141, 152, 165, 178
timing 54
tolerância a riscos 178
traces 60
trajetória 54, 65, 67-71, 82

do mercado 82
transdisciplinaridade 47
transferência de conhecimentos 140, 142, 170-1
transferência de tecnologia 59, 164-6
Triângulo de Sábato 101
troca de informações 127, 130

U

UE 104, 108-16, 119, 123, 127, 129, 130-1, 133
universalidade 59, 67
universidade-empresa 60-2, 64, 67, 104, 108, 112-4, 122-5, 127, 130-1, 133, 140-4, 148-50, 160, 164, 172
USP 149, 162, 164

V

vantagens competitivas 174, 180
variedade de requisitos 48, 55-6, 58-9
visitas de dirigentes 152
visitas técnicas 154